법륜·스물

생태위기
그 해법에 대한 불교적 모색

클라스 샌델 엮음 | 우천식·우광희 옮김

고요한소리

Buddhist Perspectives
on the Ecocrisis

Edited by Klas Sandell

The Wheel Publication No. 346~348, 1987
Buddhist Publication Society
Kandy, Sri Lanka

일러두기

· 이 책에 나오는 경經의 출전은 영국 빠알리성전협회PTS에서
  간행한 로마자 본 빠알리 경임.
· 로마자 빠알리어와 영문 책 제목은 이탤릭체로 표기함.
· 각주는 원주原註이며, 역자주는 〔역주〕로 표기함.
· 인터넷판 http://www.bps.lk/olib/wh/wh346.pdf 참조함.

차 례

역자 서문

오늘날 우리가 당면하고 있는 최대 의제는 인류의 생존 가능성 문제일 것이다. 생존 환경으로서 지구 생태계가 안고 있는 제반 문제의 심각성과 절박성은 국내외 많은 권위 있는 기관과 학계, 매스컴 등을 통해 이미 널리 알려져 있다. 따라서 묵은 자료들에 근거한 이 책은 한물 지난 것으로 보일 수도 있다. 그럼에도 굳이 이 시점에 이 책을 펴내는 이유는 무엇인가? 되돌아보기 위해서다. 현 상황을 큰 눈으로 새롭게 조망해 보기 위해서이다.

인류가 생태위기ecocrisis 문제를 대하는 태도는 느닷없이 발등에 떨어진 불을 화급하게 꺼야 한다고 야단을 떠는 형국이다. 우리가 당면하고 있는 문제가 과연 그런 성격의 것일까? 느닷없이 떨어진 불이고, 어떻게든 *끄기*만 하면 되고, *끄고* 나면 평상으로 다시 돌아갈 수 있는 것일까?

자연 파괴 · 환경 훼손은 작금의 돌발 사태가 아니다. 적어도 산업화시대에 들어선 이후 간단없이 진행 · 심화되어

온 문제로 이미 널리 우려되던 사안이다. 경제적 측면에서는 자본주의, 정치적 측면에서는 국가주의, 철학적 측면에서는 유물론, 과학적 측면에서는 고전물리학과 진화론, 사회심리적 측면에서는 향락주의 등과 깊이 맞물려 전개된 체제적systemic이고 구조적인 문제로서, 시간적으로도 공간적으로도 그 뿌리가 매우 깊고 넓다. 눈 밝은 몇몇 선각자들이 일찍이 경고를 하였음에도 불구하고 일반 대중은 태무심하다가, 문제의 불길이 몸으로 느낄 만큼 가까이 다가오자 갑자기 허둥대며 그 해법을 찾아 나서기 시작한 것이다.

만시지탄晚時之歎이나마 다행이라고 할 수 있겠다. 그러나 인류의 미래와 관련하여 이 문제의 본질을 제대로 조망하고 궁극적 해법을 찾고자 하는 진지한 노력이 부족한 것도 사실이다. 아직도 문제 자체를 부인 내지 도외시하거나, 혹은 문제는 인정하되 문제가 워낙 거대하여 한낱 개인으로서는 속수무책일 수밖에 없다고 보고 마치 남의 일 대하듯 하는 경우가 많다. 다른 한편에서는 역사의 고비마다 등장하던 종말론의 선상에서 그 시기가 언제인가를 두고 각종 예언과 담론이 무성하며, 그 결과 일반 대중이 호

사가적 관점의 그릇된 태도에 빠지게 되는 경우도 허다하다. 마지막으로 '과학기술적 접근'을 들 수 있다. 인구는 늘고, 기대 수명은 길어지고, 기대 생활수준은 높아진 상황에서 목가적 자연환경주의는 먹혀들 여지가 좁으니 소위 '가장 현실적인 대안'으로서 과학기술 대망론이 나오는 것은 일견 당연하다. 거대한 생태 문제를 풀 가시적 계기를 만들어 낼 것은 새로운 과학기술뿐이라고 기대할 수도 있기 때문이다. 그러나 문제는 이 과학기술에 편향적으로 의지하려 든다는 점이다. 그 편향성이 어떤 결과를 초래할 것이며, 또 과학기술만으로 이 거대한 위기를 극복할 수 있을까?

여기서 우리는 인류의 삶 자체를 되돌아보면서 이런 사태를 낳은 체제와 구조를 살펴볼 필요가 있다. 위기를 불러온 구조가 극명하게 드러나는 곳은 바로 인간의 탐욕을 조장하는 생활 현장이다. 산업사회의 당연한 귀결로 경제가 정치까지 제치고 가장 중요한 위치를 점하면서 소비는 미덕이며, 성장을 위한 수요의 창출은 체제를 유지하는 동력이 되었다. 소비를 권장하는데 탐욕이 커지지 않을 수 있겠는가! 마침내 돈 버는 일, 부자 되는 것이 삶의 중심 가치로 자리 잡게 될 것은 뻔한 일이다. 이러한 사회에서 물질적으로 추구하는 세련미나 우아함이라는 것은 윤리적으로 진정한 삶의 질을 높이는 데 아무런 도움이 되지 않는다. 윤리적 품성을 높이는 것은 어디까지나 질質적인 문제이기 때문에 재화가 지배하는 세계의 양量적인 다다익선 多多益善 논리와 상반된다. 다다익선이 줄곧 강조되고 있는 산업사회에서 인간의 탐욕을 다스릴 수 있는 윤리를 받아들이기는 쉽지 않다.

불교에서는 탐욕〔貪〕· 진심〔瞋〕· 치암〔癡〕을 인류의 가치 실현을 가로막는 '삼독三毒'이라 부르고 있으며, 과거 어느 시대, 어느 문화를 막론하고 탐욕을 부끄럽게 여기지 않은 적이 없었다. 탐욕을 권장하는 풍조는 인류 역사상 처음 있는 일이다. 그런데 '부자 되세요'가 덕담이 된 사회에서 탐욕의 억제는 공허한 구호에 그치고 만다. 탐욕을 억제해야 한다는 말에 수긍한다면서도 정작 가정과 학교에서는 아이들에게 부자 되는 법을 가르치는 데 열을 올리고 있지 않은가. 부자 되는 것이 시민적 공의가 되고 경제 성장이 국시가 되는 체제 구조에서 욕망을 줄여야 한다든가 더 나아가 탐· 진· 치를 넘어서야 한다는 식의 주장은 다중의 지지와 실천력을 얻기는 고사하고, 시대 역행적 발상으로

호도되기 쉬운 안타까운 현실이다. 이 책의 필자들이 지적하듯이, 오늘날을 지배하고 있는 물량주의, 기술 일변도의 사고방식 등은 바로 이러한 탐욕의 외표일 뿐이다.

우리는 거대한 철벽같은 기존 가치관부터 검토해봐야 한다는 결론에 도달한다. 참으로 거창한 과제다. 그러나 과제가 크다고 해서 두려워하고만 있을 수는 없다. 현실의 생태위기가 너무나 절박하며, 피하려 해도 피할 수 없는 근원적 문제를 안고 있기 때문이다.

어디서부터 손을 써야 하는가? 문제를 제대로 살펴보려면 양적 접근과 질적 접근을 구별해 볼 필요가 있다. 생태위기를 과학기술로 돌파하려는 오늘날의 접근에는 이 문제를 물질적 양의 문제로 보는 인식이 깔려 있다. 양은 수량적 사고를 부르고, 수는 통계로 이어질 것이다. 수량적으로 나를 돌아보면 나는 70억 인구의 하나일 뿐이고, 그 역할도 70억분의 1이 된다. 그런 미미한 존재가 무엇을 어떻게 할 수 있으며, 해본들 무슨 효과가 있겠는가? 결국 이러한 접근은 우리를 무책임한 주체로 전락시킴으로써 성급한 체념을 불러들인다. 희망의 꼬투리라도 잡으려면 이 수적 사고를 지양하는 일이 급선무다. 질적 접근으로

눈을 돌리면 첫 단추부터 제대로 채울 수 있는 가능성이
열린다. 자기 자신에서부터 '질적 존엄성'을 발견할 여지를
얻게 되고, 이를 바탕으로 질적인 자연관, 지구관, 세계관
이 확립될 수 있으며, 이러한 안목 위에서야 비로소 우리
는 지금 필요한 행동을 취하는 의미 있는 행위 주체가 될
수 있다.

　위기에 대한 근원적 해법의 단초가 될 질적 존엄성과 그
가능성을 찾기 위해 이제 불교적 시각으로 조망해보자. 불
교는 이처럼 문제 많은 고해苦海에서 벗어날 수 있는 길로
서 팔정도八正道를 제시한다. 이 경우 팔정도는 '올바른 눈
으로 상황을 살펴서 치우침 없는 중도의 걸음으로 현실에
대처해 나아가라'는 가르침으로 이해할 수 있다. 팔정도의
전제이자 시발점은 바른 견해, 정견正見이다. 인류의 존망
이 걸린 중차대한 현 시점에서 우리가 챙겨야 할 일은 바
로 제대로 상황을 살펴보아 뿌리에서부터 잎과 꽃까지 전
반을 파악하는 일이 아니겠는가.
　원인 없는 결과가 없듯, 의미 없는 큰일은 있을 수 없
다. 우리에게 일어난 모든 큰일은 그만큼 큰 의미를 지니
고 있다. 생태계의 위기는 더 할 수 없이 큰일이고, 그만

큼 큰 의미를 우리에게 제시하고 있다. 따라서 우리가 해야 할 일은 발등의 불을 끄듯 서두를 게 아니라, 우리에게 닥친 미증유의 큰일을 앞에 두고 그 총체적 의미를 심사숙고하는 일이다. 그래서 그 의미를 살려내어 아름다운 꽃으로 피워내는 일에 착수해야 한다. 지금 우리는 종말론에 귀를 내어줄 것이 아니라 어떻게 법다이 살 것인지, 지금의 생태위기가 우리에게 진정으로 촉구하는 바가 무엇인지를 깊이 생각하고 우리 앞날의 밝은 길을 열어나가야 할 때이다.

어쩌면 부처님은 오늘날의 인류를 위해 탐·진·치로부터의 해탈을 그렇게 강조해서 가르치셨는지도 모른다. 바로 그 가르침의 길로 걸어가기 시작할 때 우리는 개인의 삶을 진리와 일치시키는 보람을 맛볼 수 있을 것이며, 나아가 이 시대에 태어난 위대한 의미를 실현할 수 있게 될 것이다. 나로부터 시작하여 그런 삶을 살아가는 사람들이 늘어날 때 생태위기는 더 이상 미증유의 재난이나 시한부의 종말 상황이 아니라, 인류의 도약을 위한 새로운 의미의 터전이 될 것이다.

부처님은 말씀하신다. 모든 문제를 푸는 길은 팔정도라

고. 팔정도는 중도中道이다. 중도는 균형이기도 하다. 과학 기술은 유력한 도구지만 그것이 유익한 수단이 되기 위해서는 더 근본이 되는 마음 바탕 위에 균형을 잡아야 한다. 이 책의 필자들은 나름대로 그 균형을 여러 측면에서 모색하고 있기에 이 점을 높게 사서 기꺼이 그 견해들을 여기 옮겨 소개한다.

책을 내며

비구 보디*

환경오염, 그리고 자연 자원의 지나친 개발로 인해 야기되고 있는 오늘의 위기가 이 시대를 사는 거의 모든 사람들의 주목을 끌고 많은 걱정을 자아내고 있다. 하지만 정작 문제는 생태위기가 빚어내는, 겉으로 드러난 이런 어려운 처지 저 너머 더 깊은 곳에 도사리고 있는 어떤 원인에서 비롯하고 있다. 생태위기는 지금보다 한걸음 더 나아간 연구를 통한 해결이나 입법을 통해 한 번에 처리될 단순한 문제는 아니다. 오히려 이 위기는 무분별한 기술 확산과 산업 성장이 안고 있던 여러 가지 위험 요인이 정신을 못 차릴 정도로 어지러이 표출되어 우리를 압박하고 있으며, 현재 유행하고 있는 풍조가 제어되지 않고서는 보다 중차

---

* 비구 보디Bhikkhu Bodhi : 1944~ . 뉴욕 출생의 스님. 1972년에 스리랑카에서 비구계를 받았으며, 1984년부터 2002년까지 불자출판협회BPS에서 편집을 책임졌고, 1988년부터는 회장직을 맡았으며 지금은 명예회장으로 있다.
〈고요한소리〉에서 번역, 출간된 저작으로는 보리수잎·열아홉《자유의 맛》, 법륜·열《보시》, 법륜·열여덟《팔정도》가 있다.

대하고 심상치 않은 위험에 빠지리라는 것을 암시하고 있는 것이다.

따라서 우리는 이를 계기로 현대 서양문명의 기초가 되어 있는 기본 전제들, 그리고 지금 우리가 힘을 다하여, 그리고 많은 자본을 들여서 이루고자 하는 목표의 방향이 옳은 것인지 재점검해야 할 것이다.

서구 기술문명의 발전을 촉발한 것은, 과학의 응용을 통해 모든 결핍을 해소하고 인류 모두에게 무한한 번영이 약속된 황금기를 열어 줄 수 있으리라는 믿음이었다. 우리는 자연을 복속시키고 인류의 욕망을 충족하는 데 기술을 활용해 왔으며 그 결과, 이전의 그 어느 시기보다 우리의 삶이 여러 면에서 훨씬 더 편안하고 안전해진 것은 사실이다.

그러나 스모그가 가득한 도시, 오염된 물길, 황폐해진 삼림, 화학 폐기물 등을 돌아볼 때, 이러한 물질적 승리의 대가로 끔찍하게 큰 비용을 지불하고 있는 고통스러운 사실을 깨닫게 된다. 자연환경의 아름다움이 파괴되어 가고 있을 뿐 아니라 생명을 유지시키는 자연 본연의 능력 자체가 심각하게 위협받고 있으며, 자연을 정복하는 과정에서 인류는 인간성 자체를 잃어버리게 될 위험에 직면하게 된 것이다.

대부분의 산업화된 국가들, 그리고 상당수 제3세계 국가들은 환경오염의 진행을 막고자 노력해 왔다. 때로는 외부 압력 때문에 그렇게 할 수밖에 없었다. 그러나 그 노력이 부분적으로는 성과를 거두었다고 해도 생태계의 위기는 점점 더 심각해지고 있다. 이를 통해 우리는 이 대응책들이 양적인 측면에서 부족할 뿐만 아니라 보다 근원적인 차원에서 미흡하다는 사실을 명확하게 알게 되었다.

그동안 공적인 영역에서 지지를 받으며 이루어진 환경보호에 관한 접근 방식 대부분은 기술 관료적 사고방식과 궤를 같이 한다. 그 방식은 생태계 위기를 초래한 사업들과 다를 바 없이 닫힌 사고의 틀과 고정 관념들 속에서 이루어지고 있다. 현재의 기술 관료들은 산업사회가 추구하는 목표에 대한 대안이나 새로운 지향점을 제시할 능력이 없다. 그렇기 때문에 이들은 문제의 원인이 과학기술이 부족하기 때문이라고 보고 더 발달된 과학기술과 더 효율적인 기술 관리를 통해 문제를 해결할 수 있을 것이라고 쉽게 생각한다. 그래서 이들은 특정 위험들을 방지한다는 목적 아래 자연을 더욱 더 통제하고자 하는 연구에 막대한 재원을 투입한다. 그러나 생태계 위기의 근원이라 할 기본 전제 즉, 더 많이 생산하고 더 많이 소비하는 것이 인간의 복리를 증진하는 길이라는 전제, 그 자체가 문제라는 것은 돌아보지 않는다.

한편, 이런 전제가 과연 옳은지에 대해 깊은 의심을 품는 사려 깊은 사람들이 점점 늘어나고 있다. 자연환경을 되살리기 위해서는, 아니 환경과 함께 공멸하지 않기 위해서는, 생태계 위기 전반에 관한 보다 획기적인 접근이 절실하다고 깨닫고 있는 것이다. 오늘날 우리는 기술로 자연을 지배하려는 인간의 모든 노력이 서구 산업사회 특유의 몇 가지 가정에 근거하고 있음을 인식하게 되었다. 그 몇 가지 가정이라는 것은 요컨대 인간의 행복과 복리는 물질적 욕구와 감각적 욕망을 충족하는 데 있다는 것, 자연을 대하는 인간의 기본적 관점과 태도가 자연을 정복 대상으로 보는 갈등·투쟁의 자세라는 것, 자연은 정복되어 인간의 끝없는 욕망 충족에 철저히 봉사해야 한다는 것 등이다. 우리는 또한 이러한 가정들이 잘못된 것들이며 하루

빨리 이의를 제기하여 제대로 된 걸로 교체하지 않으면 인류에게 참담한 결과를 안겨줄 가능성이 매우 높다는 것도 확인할 수 있다.

산업사회의 향방과 귀착점에 대해 환멸이 일기 시작함과 동시에 우리가 자연과 더불어, 이 지구를 공유하는 동료 존재들과 더불어, 그리고 우리 자신과 더불어 보다 큰 평화와 조화를 이루고 살 수 있도록 만들어 줄 대안적 세계관을 찾는 치열한 모색이 동시에 진행되고 있다.

이와 같이 대안적 세계관을 찾다보니 인간과 자연계 간의 조화롭고 평화로운 공존을 주창하는 동아시아의 종교와 철학 쪽으로 관심들이 점점 더 쏠리고 있다. 이런 면에 있어서는 동방의 종교 중에서도 불교가 단연 두드러진다. 불교에는 조건에 매인 모든 것들 사이의 상호 연관성, 철두철미한 상호 의존성에 대한 철학적 통찰이 있으며, 행복은 욕망을 키움으로써 얻어지는 게 아니라 지족知足의 생활 속에서 욕망을 절제함으로써 얻어진다는 명제가 있다. 또한 불교에는 버림〔離慾〕과 수행을 통해 해탈을 이룬다는 목적이 있으며, 생명체를 해치지 않을 뿐만 아니라 무한한 자비심으로 대한다는 윤리가 있다. 이런 모든 면을 볼 때,

불교는 자연과의 새로운 관계를 실현하는 데 필요한 핵심 요소인 존중, 겸허함, 보살핌, 연민 등을 다 갖추고 있다고 볼 수 있다.

진지한 불자이자 생태학 연구자인 클라스 샌델 교수는 생태계 위기에 관한 불교의 입장을 다루고 있는 몇몇 불교 학자와 사상가의 글을 모아 법륜 시리즈의 하나로 엮었다. 이 모음집을 계기로 인간의 생존을 위협하는 생태계 위기에 대한 새로운 대안을 찾고자 하는 환경학자들과 이 문제를 염려하는 불자들이 대화를 시작하게 되기를 바란다. 나아가 단순히 관심을 불러일으키는 정도에 그칠 것이 아니라 환경 보호를 책임지고 있는 사람들에게도 좋은 영향을 미쳤으면 하는 바람 또한 크다.

서양인에게 불교적 세계관은 현재 우리가 직면한 위기의 근원인 기계론적이고 생산적인 사고방식에 대한 환원론적이며 총합적인 대안을 제시할 것이다. 또한 불교의 생활방식은 넘쳐나는 물질적 재화에 의지하지 않고도 깊은 만족을 얻을 수 있는 방법도 제시하여 줄 것이다.

동양에서는 경제 발전을 담당하는 사람들에게 불교의 자연관을 새로이 명확하게 짚어주어야 할 것이다. 그래야만 이들이 환경 정책을 입안할 때 불교에 내포된 자연관의 실제적 의미를 중요하게 받아들일 수 있을 것이다. 그렇게 하지 않을 경우, 전통적으로 불교를 믿어 왔던 나라들마저 서양사회의 부와 힘, 그 현란함에 미혹되어 자기네들의 소중한 유산을 스스로 내던지고 결국 자기 파괴의 길을 가게 될 가능성이 매우 높다.

2500년의 전통을 이어 오면서 놀라울 정도로 현대적인 사고방식을 지녀왔던 불교가 이제 위기에 처한 지구의 생명을 걱정하는 이들에게 새로운 생태적 인식을 위한 영감과 기반을 제공해 줄 수 있을 것이라 믿는다. 생태위기 앞에서 불교에 길을 묻고 그 길을 찾아가는 데 이 작은 책이 도움이 되길 바란다.

머리말

우리는 혼탁한 수로水路, 오염된 대기, 천연자원의 고갈에 대해 경종을 울리는 보고들을 날이 갈수록 더 자주 접하고 있다. 오늘날에는 사회에 관해 그리고 사회와 자연환경 간의 관계를 다룰 때에 이 문제를 '생태위기'라는 식으로 예사롭게 위기라는 말을 쓰게 되어버렸다. 과연 지구상에 다음 세대가 살아남을 수 있겠는가 하는 우려가 점차 더 깊어지고 있음을 많은 구체적인 위기적 사례들이 극명하게 보여주고 있다.

UN과 여러 국제기구들에서 작성한 〈세계환경보전전략〉에는 다음과 같은 내용이 실려 있다.[1]

---

* 〔역주〕클라스 샌델Klas Sandell : 1953~ . 스웨덴 칼슈타드 대학교 Karlstad University 인문지리학과 교수(이 책의 71쪽 역주 참조).
[1] 〈세계환경보존전략 IV〉 자연과 자원보존을 위한 국제기구IUCN, 스위스, 1980.

- 삼림 남벌과 부실한 토지 관리의 결과 매년 수십억 톤의 토양이 유실되고 있다.
- 선진국의 경우만 보아도 매년 3,000 평방킬로미터의 기름진 농경지가 빌딩과 도로의 건설로 사라지고 있다.
- 시골의 가난한 마을 주민이 연료를 얻기 위해 나무와 잡목을 무분별하게 베어낸 결과, 많은 마을에서 취사용 및 난방용 땔감나무를 꼭 필요한 만큼 얻는 일도 어려워지고 있다.
- 많은 수산업계가 지켜야 할 연안 보호 체계가 파괴되거나 오염되고 있다.

산업화된 국가나 제3세계나 모두 형태는 상이할지라도 다양한 환경 문제를 안고 있다. 산업화된 국가들에서 볼 수 있는 대기, 물, 토양에의 유독성 물질의 유출, 자연-인간관계의 소원화 등등의 모든 문제는 대량 생산을 기반으로 하는 기존 시스템이 낳은 결과이다. 따라서 과다한 소비와 근시안적 투자 활동을 지양하고 정신적 가치를 존중하며 미래에 대해 깊이 생각해보는 태도를 갖추어야 할 필요가 점증하고 있다.

한편 제3세계의 경우, 토양 침식, 비위생적 생활 조건,

사막화, 지표수 공급의 감소 등의 위험성에 유념해야 함은 물론 인구 증가 압력과 천연자원 간의 균형을 신중하게 유지해 낼 수 있느냐 하는 문제가 그 무엇보다도 시급한 과제가 되고 있다. 〈인류의 환경 문제에 대한 스톡홀름 UN 회의〉는 다음과 같이 선언하고 있다.

"개발도상국가에서의 환경 문제는 대부분 개발이 덜 된 상태, 그 자체에서 연유한다."[2]

국가 간의 의존성, 예를 들어 다국적 기업과 같은 형식을 통한 의존성 역시 중요한 요인이다. 세계화된 산업은 싼 원료를 요구하며 자기네 나라들 사이에서는 대부분 금하고 있는 형태의 생산·판매 방식을 통해 제3세계를 착취한다. 하지만 생태위기는 단지 기술과 관련된 문제만은 아니다. 더 나은 정화 기술, 대체 에너지기술, 좀 더 엄격한 법적 체제 등 이런 모든 것들이 응급처방으로 분명히 효과적이며 단기적 해결책이 될 수도 있겠지만 장기적으로는 적합하지 않다.

노르웨이의 철학자 아르네 네스는 '얕은' 생태운동과 '깊은' 생태운동을 거론한다.[3] 얕은 운동은 더 나은 자원 관

___

2 〈인류의 환경에 관한 스톡홀름 UN 회의〉 1972. 스웨덴 외무부 발간, 83쪽.

리, 인구 증대의 억제, 공해 방지와 같은 제한적 성격의 대응책에만 전념하는 반면, 깊은 생태운동은 경제와 가치관에 관련된 모든 문제들과 씨름하는 것이다. 오늘날 산업사회에서 인간은 자연환경으로부터 점점 더 소외되고 멀어지고 있으며, 그 결과 무분별한 소유충동에 휩쓸려 눈앞의 이익을 위한 개발을 일삼을 위험성이 급격히 늘어가고 있다. 특히 산업화된 국가들에 있어서 생태계의 위기는 주로 사람들의 기본적 가치관과 자연에 대한 특정한 접근 방식의 결과로서 초래된 것이다. 산업사회가 자연을 착취의 대상으로 본다는 사실, 그리고 이런 태도가 만연해 있으며 제3세계로 확산되고 있다는 사실은 현재의 상황이 얼마나 심각한가 하는 것을 분명하게 드러내고 있다.

생태위기의 세 가지 국면

생태위기는 다양한 형태로 드러나는데, 여기서는 특히

---

3 아르네 네스, 〈The Shallow and the Deep, Long-range Ecology Movement: A Summary 얕은 안목과 깊고 긴 안목의 환경 운동: 요약문〉, 《인콰이어리》(1973) 16호, 95-100쪽.

세 가지 중요한 국면에 주목하고자 한다. 첫째는 '기술과 관련된' 생태위기이다. 이것은 농업, 통신, 주택건설 등에 현대적 생산 방식을 적용한 데서 일어난 것이며 이로 인해 천연자원의 오염과 고갈이 매우 빠르게 확산되고 있다. 둘째는, '정치와 관련된' 생태위기이다. 여기에는 국가적 그리고 전 세계적인 차원에서 자연에 대한 근시안적인 착취를 조장하는 경제, 법률, 통상 그리고 기타의 부수적인 요인들 모두가 연관되어 있다. 셋째는, '가치와 관련된' 생태위기이다. 여기에는 오늘날 인간과 자연의 관계에 대한 기본적인 가치관들도 포함되는데, 이러한 가치관들의 영향력이 점점 확대되면서 인류의 장기적인 생존 전망을 위협하고 있다.

이들 생태계 위기의 세 가지 국면을 에너지 공급 측면으로 설명해 보면 도움이 될 것이다.

우선 '기술적' 국면의 많은 관심사 중의 하나는 여러 가지 에너지 기술 중 어느 것을 선택할까 하는 것이다. 태양 에너지, 바람, 생물 동력학적 연료와 같은 재생 가능한 에너지원이 있는가 하면, 석유, 석탄, 원자력과 같이 인간의 관점에서 볼 때 재생 불가능한 에너지원도 있다. 다음으로 에너지 공급상의 '정치적' 국면은 여러 종류의 에너지 시스템 중 특정 에너지 시스템에게 유리하거나 혹은 불리한 조세, 비용, 법률 등과 관련된다. 생태위기의 정치적 국면에서의 주요한 문제점은 재생 불가능한 에너지원들이 조사·연구 대상에서 우선순위를 차지하게 된다는 점이다. 끝으로 에너지 공급상의 '가치' 국면은 물질적 필요성(에너지 수요를 의미한다) 대 비물질적 필요성을 저울질하는 데 적용될 수 있다. 여기에는 부가적으로 시간적 국면(다음 세대의 생활환경을 어떤 식으로 평가할 것인가?)과 지리적 국면(쓰레기와 오염물을 어느 정도 수출하도록 허용해야 하며, 자원 수입은 어느 정도가 바람직한가?)과 같은 문제들도 고려되어야 한다.

자연에 접근하는 태도가 비슷해도 자연의 상황과 그때의 기술 수준에 따라 접근하는 모습이 여러 가지로 달라질 수 있다는 점을 염두에 둘 필요가 있다. 까마득한 옛날부터 자연 속의 어떤 지역이나 구성 요소, 가령 나무들이나 산들을 성물聖物로 지정 선포하는 것은 일반 관례였고 이런 특별 영역을 파괴하면 온갖 재앙이 인간에게 내리게 된다고 믿어 왔다. 오늘날의 자연보존 운동은 성스러움을 내세우지는 않지만 생태계에 대한 지식을 통해서 사람이 삼림이나 산악 지역 등 자연을 무분별하게 착취한 결과가 인간 자신에게 엄청난 위력을 가진 대재앙으로 되돌아오는 무수한 사례들을 지적한다. 이처럼 두 자연관이 비록 표현 형태가 완전히 다르고 또 멀리 떨어진 문화와 시대 속에서 반복되고 있긴 하지만 일맥상통하는 면이 있음이 분명하다.

이 책의 목적

이 책은 인간과 자연 간에 지금보다 좀 더 지속 가능하고 조화로운 관계를 발전시키기 위해 하나의 영감의 원천으로서 불교철학의 몇몇 측면을 제시하는 데 목적을 두고 있다. 불교철학은 어떤 신神도 전제하지 않고 다만 인간의 개인적 통찰에 기초하기 때문에 오늘날처럼 과학적 사고가 지속적인 영향력을 발휘하는 세상에 도움이 될 것들을 많이 갖고 있을 수밖에 없다. 다른 종교들이 그렇듯이 불교라는 종교도 철학, 도덕적 기준, 종교 의식 등을 포용하고 있어 매우 복합적이며, 그 모든 측면들 또한 다른 문화들과 오랫동안 접촉하는 가운데 영향을 받아 변형되기도 했다. 따라서 오늘날의 불교는 결코 단일한 개념이 아닐뿐더러 다양한 방식으로 해석되며 다양한 정황에 적용된다. 이 책에서 논의되고 있는 불교는 불자출판협회Buddhist

Publication Society가 발간하는 책자와 논문들을 통해서
소개되고 있는 상좌부불교의 교리를 바탕으로 한다. 여기
서는 자연은 문화적 요소를 배제한 물리적, 생물학적 환경
이라 우선 정의할 수 있다. 예를 들어 식물, 산, 강, 동물
그리고 인간 신체의 어떤 측면들을 뜻한다.

이 책은 다섯 장으로 구성되어 있으며 각기 다른 사람이
집필하였다. 제1장은 불교의 자연관을 빠알리 경전의 내
용을 바탕으로 제시하고 있는데, 스리랑카 뻬라데니야 대
학 불교학과 릴리 드 실바 교수가 집필하였다.

제2장은 최근 왕성하게 논의되고 있는 생태적 인식에
입각한 '대안' 개발 연구와 연결해서 불교식의 자연접근 방
식을 조명해 보려는 시도이다. 이러한 시각은 필자가 스웨
덴 린코핑 대학의 '환경과 사회 속에서의 물[水] 관리학과'
연구원으로 근무하면서 형성되기 시작했다. 이 장은 보다
지속 가능한 인간-자연 관계를 모색하는 이러한 영감의 원
천에 관심 있는 사람들에게 하나의 단초를 제공할 수 있을
것이다.

제3장은 불교적 환경 윤리를 모색하는 글인데 스리랑카
뻬라데니야 대학의 철학과 교수 빠드마시리 드 실바 가 집

필했다.

이상의 글들에 비해 보다 '행동 지향성'의 글인 제4장은
잘 알려진 노르웨이의 불교 생태 철학자인 시그문트 크발
뢰이의 글로서 생태 개발의 가능성을 불교의 입장에서 모
색한 한 예를 제공한다.

제5장은 '자연에 대한 불교적 인식 프로젝트'의 발기인
이자 국가 간 조절자이며 미국의 환경 보호론자인 낸시 내
쉬의 프로젝트 소개 글이다.

끝으로 이 프로젝트에서 제공한 달라이 라마의 환경선
언문을 싣는다. 이 선언문은 1986년 6월 5일 '세계 환경의
날'을 기념하여, 그리고 그 해의 주제인 '평화와 환경'을 기
념하는 의미에서 발표된 것이다.

이 책이 생태위기를 중심으로 진지하고 깊이 있는 논의
와 실천을 이끌어 내는 촉발제가 되기를 바란다. 또한 독
자 여러분의 다양한 의견과 논평이 있기를 기대한다.

끝으로, 불자출판협회BPS에 진심으로 감사의 뜻을 표한
다. 이 협회의 도움이 없었더라면 이 책은 하나로 묶여 나
오지 못했을 것이다.

제1장
불교는 자연을 어떻게 보는가

릴리 드 실바*

현대인들은 쾌락과 풍요를 추구하는 과정에서 너무도 무절제하게 자연을 착취해 왔으며, 그 결과 자연은 생명체들의 건강한 삶을 유지시켜 줄 수 없을 지경에 이르렀다. 공기와 물과 같은 소중한 자연의 선물들이 오염되어 참담한 상태가 되었다. 이제 인간의 건강마저 위협을 받게 되자, 우리는 오염 문제를 극복할 길을 모색하게 되었다. 또한 우리 인간의 잘못으로 오염된 지구를 다음 세대에게 물려주는 것이 무책임하고 도덕적으로도 옳지 않다고 느끼고 있다.

----

* 〔역주〕 릴리 드 실바Lily de Silva : 스리랑카 뻬라데니야 대학의 빠알리어와 불교학 교수. 불교 학술지와 신문, 잡지에 정기적으로 기고하고 있으며, 런던 PTS에서 출간한 《장부》의 복주서를 편집하였다. 〈고요한소리〉에서 번역, 출간된 저작으로는 보리수잎·스물여섯 《오계와 현대사회》, 보리수잎·서른아홉 《스스로 만든 감옥》, 법륜·다섯 《한 발은 풍진 속에 둔 채》 등이 있다.

인간이 자연계는 물론 동시대와 후세의 인류에 대해 책임감 있게 행동하고자 한다면, 오늘의 오염문제가 더 심각해지는 것을 막을 수 있는 적절한 환경 윤리를 바로 지금 찾아야만 한다. 다시 말해 지금까지 돌아보지 않던 지식의 영역 즉, 종교에서 지혜와 방편을 찾는 일이 시급해졌다.

불교의 관심은 인간의 고통을 뿌리 뽑기 위해 어떤 삶을 살아야 하느냐 하는 문제에 엄격히 국한되어 있다. 부처님은 고苦와 고의 멸滅이라고 하는 불교의 핵심 문제와 직접적으로든 간접적으로든 관련이 없는 질문들에 대해서는 답하지 않으셨다. 더욱이 환경오염은 오늘날에 와서 대두된 문제로서 부처님 시대에는 들어볼 수도 없고 있을 것 같지도 않던 문제였다. 그렇기 때문에 지금 우리가 관심을 가지고 있는 환경 문제가 다루어진 어떤 특정한 법문을 경전에서 찾기는 어렵다. 하지만 불교는 생활의 모든 경험적 측면을 반영하는 총체적 철학이기 때문에 빠알리 경전에서 자연에 대한 불교의 태도를 확인할 수 있는 자료는 얼마든지 찾을 수 있다.

'자연'이라는 말은 인간이 만들거나 조작하지 않은, 세상의 모든 것들을 뜻한다. 이 뜻에 가장 근접한 빠알리어는 로까loka와 야타아부우따yathābhūta이다. 로까는 통상 '세

상'으로 번역되고, 야타아부우따는 '있는 그대로의 것들'을
나타낸다. 담마따dhammatā와 니야아마niyāma라는 말도
있는데 빠알리 경전에서 이들은 '자연 법칙' 또는 '자연스
런 방식'을 의미한다.

자연 : 역동성 그 자체

불교에 따르면 '변화'는 자연의 영원한 원리 중 하나이
다. 본질적으로 모든 것은 변하며, 그 어느 것도 변치 않
고 그대로 있는 것은 없다. 이 개념은 빠알리어로 아닛짜
anicca無常라 한다. 형성된 모든 것은 항상 변화하는 과정
에 있다.〔諸行無常 sabbe saṅkhārā aniccā〕4 따라서 세상은
붕괴하는 것〔壞 lujjati〕으로 정의된다.〔lujjati ti loko〕이 세
상은 역동적이며, 활력에 차 있기에 그렇게 불리는 것으
로, 사실 끊임없이 변화를 겪는 과정에 놓여 있다.5 자연
에는 정태靜態적이고 고정적인 '실체'는 없고, 오로지 항상

---

4 《증지부》 7법집 62경, IV권 100쪽.
　〔역주〕법륜·넷《존재의 세 가지 속성 – 삼법인》(〈고요한소리〉간
　행 2017) 11쪽 참조.
5 《상응부》 IV권 52쪽.

변화하고 항상 움직이고 있는 '과정'만 있을 뿐이다. 이 점을 설명하는 데 비가 좋은 예가 되겠다. 우리는 한 '실체'를 표현하기 위해 '비'라는 명사를 쓰지만, 비는 하늘에서 물방울들이 떨어지는 과정 이외에 아무것도 아니다. 이러한 강우 과정을 떠나 정태적인 명사의 개념으로 표현될 수 있는 외관 그대로의 '비'라는 것은 존재하지 않는다. 자연은 견고성〔地 pathavi〕, 유동성〔水 āpo〕, 열성〔火 tejo〕, 운동성〔風 vāyo〕, 이른바 사대四大로 이루어져 있다고 하는데 이 사대 요소 하나하나는 항상 변화하는 현상일 뿐이다. 무너질 것 같지 않게 단단해 보이는 산이나 모든 것을 떠받치고 있는 대지조차도 이 어김없는 변화의 법칙에서 벗어날 수 없다. 경전에 의하면 산 중의 산, 수미산은 깊은 바다 속으로부터 솟아 있는데 그 바다 속 깊이가 백만 리나 되고 해수면 위의 높이 역시 백만 리나 되어 그야말로 안정성과 지속성의 상징적 존재이다. 이러한 수미산조차 태양이 여러 개 나타나면 그 열로 인해 잿더미도 남지 않고 사라진다고 한다.[6] 이와 같이 변화는 자연의 본질 그 자체인 것이다.

6 《증지부》 IV권 100쪽.

도덕성과 자연

세상은 매우 오랜 기간에 걸쳐 진화하고 소멸하는 주기
를 반복하고 있다. 변화는 자연의 고유한 요소이긴 하지
만, 불교에서는 자연의 변화 과정이 인간의 도덕적 기풍에
의해 영향을 받는다고 확신한다.

《세기 경》[7]은 이 세상의 전개 과정에 관한 불교의 이야
기를 전해 주고 있다. 이 경에 의하면 지금 이 우주가 형
성되기 이전에 존재가 거처했던 색계色界 2천에서는 존재
가 스스로 빛을 발하며 기쁨을 음식으로 삼고 하늘을 마음
대로 돌아다녔는데, 이들에게 탐욕이 나타나기 시작하면
서 점차 광채를 잃게 되었고, 기쁨을 음식으로 삼고 하늘
을 날아다니며 살 수 있는 능력도 점차 잃게 되었다고 한
다. 도덕성의 저하는 외부 환경에도 영향을 미쳤다. 그 당

---

7 《장부》 27경, Ⅲ권 80쪽.
  〔역주〕세기 경世紀經 *Aggañña Sutta* : 부처님께서 '바라드왓자'와
  '와셋타'라는 두 브라만에게 사람됨은 카스트나 신분으로 정해지는
  것이 아니라 도덕적 수행과 법을 아는 것 그리고 그 실천에 의해 정
  해진다는 것을 역설하신 경으로, 또한 세상과 그 전개 과정을 설하
  고 계신다.

시는 대지 전체가 매우 향기롭고 풍미 있는 버터와 같은 질료로 뒤덮여 있었다. 그러나 존재들이 이들 질료를 점점 탐욕에 의해 섭취하기 시작하자 이들의 섬세한 육신이 차츰차츰 거칠어지게 되었고, 한편으로는 향기로운 질료 그 자체가 점점 줄어들기 시작했다. 몸이 응고되자 형상의 차이가 나타나게 되었는데, 어떤 것들은 평범한가 하면 어떤 것들은 아름다웠다.

그 결과 자만이 그들 사이에 생겨나서 아름다운 것들은 다른 것들을 깔보기 시작했다. 이러한 도덕적인 흠결로 인해 감미롭고 식용이 되던 땅의 질료가 완전히 사라져 버렸다. 그 대신 먹을 수 있는 버섯들이 나타났고, 그 다음에는 먹을 수 있는 덩굴류가 나타났다. 이런 먹거리들을 차례대로 먹고 사는 사이에 존재들 내에 성性의 구분 현상이 뚜렷해지기 시작했고 마침내는 이전의 화생化生[8] 방식을 유성 생식 방식이 대체하게 되었다.

---

8 〔역주〕화생化生 : 생물이 나는 형식의 네 가지인 사생〔四生 : 난생卵生 · 태생胎生 · 습생濕生 · 화생化生〕의 하나. 의탁依託하는 곳이 없이 홀연히 생겨남. 천상계에서는 남의 몸을 빌리지 않고 업력대로 화신化身으로 태어남.

저절로 자라는 쌀이 땅 위에 나타났고 마침내는 사람들이 매끼마다 가서 쌀을 가져오는 것도 귀찮게 여겨 음식을 저장하는 버릇을 키우기에 이르렀다. 이렇게 음식을 쌓아놓는 버릇 때문에 식량의 성장 속도가 수요 증가율을 따라갈 수 없게 되고 마침내는 토지가 가정별로 분배되게 되었다. 토지를 사유하는 것이 통상적이게 된 이후로 좀 더 탐욕스러운 성향을 지닌 사람들이 다른 사람 몫의 땅에서 훔쳐가기를 시작했다. 훔친 혐의를 받게 되면 도둑질하지 않았다고 시침을 떼었다.

이렇게 탐욕으로 인해 도둑질이나 거짓말과 같은 사악함이 공동체 안에 나타나게 되었다. 잘못을 저지르는 사람들을 억제하고 또 처벌하기 위해서 사람들은 왕을 선출하게 되고 이런 과정을 통해 원래 단순하였던 공동체가 훨씬 더 복잡하고 복합적이게 되었다. 뿐만 아니라 이러한 인간의 도덕적 퇴화는 자연에 대해서도 역효과를 끼쳤다는 것이다. 대지의 풍요로움은 줄어들었고, 저절로 자라는 쌀은 사라져 버렸다. 이제 음식을 구하기 위해서 사람이 땅을 경작하고 벼를 재배해야 했다. 힘들여 얻은 쌀은 왕겨에 싸여 있었고, 이 왕겨를 벗겨내고 씻어내는 과정을 거친 후에야 비로소 음식으로 취할 수 있었다.

이런 전개 과정의 이야기를 인용하면서 내가 강조하고 싶은 점은 불교에서 믿는 바로는 변화가 자연의 고유한 요소이긴 하지만 인간의 도덕면에서의 질적 저하가 자연의 그와 같은 변화 과정을 가속화시킨다는 것, 그리고 인간의 복지와 행복에 역행하는 변화를 초래한다는 것이다.

《장부》의 〈전륜성왕의 사자후 경*Cakkavattisīhanāda Sutta*〉은 인간의 도덕성이 계속해서 더 퇴화될 경우 어떤 일이 벌어질 지를 예언하고 있다.[9] 인류의 건강 상태가 극도로 나빠져서 기대 수명이 줄어들 것이고, 마침내는 평균수명이 열 살, 결혼 연령이 다섯 살에 이르게 된다. 그때가 되면 액체 버터, 버터, 꿀과 같은 지상의 모든 맛난 음식물들은 자취를 감출 것이며, 오늘날 가장 맛없고 조잡한 음식이라 여기는 것들이 그때에는 맛있는 음식이 될 것이다. 이같이 불교는 인간의 도덕성과 인간에게 허용된 자연 자원이 서로 밀접하게 맞물려 있는 관계라고 주장한다.

《증지부》의 어느 경에 의하면, 방탕한 욕정, 고삐 풀린

9 《장부》 26경, Ⅲ권 71쪽.

탐욕, 잘못된 가치관이 사람의 마음을 휘어잡고 이 사회의 도덕성이 무너져 버리는 때가 되면, 비가 제때에 오지 않는다고 한다. 비가 제때에 오지 않게 됨으로써 갖가지 역병과 병충해가 생겨나고 농사에 피해를 입게 되며, 그 결과 식량이 부족하여 인간의 사망률이 높아지게 된다고 한다.[10]

이처럼 빠알리 경전의 여러 경들은 초기 불교가 인간의 도덕성과 자연 환경 간에 긴밀한 관계가 있음을 확신하고 있었다는 것을 알려준다. 이러한 생각은 훗날 주석서에서 다섯 가지 자연의 법칙*pañca niyāmadhammā*이라는 이론으로 체계화되었다.[11] 이 이론에 의하면 우주에는 다섯 가지의 자연 법칙 혹은 자연의 힘이 작동하고 있는데, 이는 물리적 법칙[*utuniyāma* 계절의 우주적 질서], 생물학적 법칙 [*bījaniyāma* 종자의 질서], 심리적 법칙[*cittaniyāma* 마음이 좌우하는 결정], 도덕적 법칙[*kammaniyāma* 업에 의한 질서], 그리고 인과적 법칙[*dhammaniyāma* 법에 의한 질서]이다. 앞

---

10 《증지부》 3법집 56경, I 권 160쪽.
11 《승의소勝義疏 *Atthasālini*》: 논장 《법취론》의 주석서, 854쪽.

의 네 가지 법칙은 각각 자체의 영역 내에서 작동하는 데 반해, 마지막 인과적 법칙은 위의 네 가지 법칙들 내에서는 물론 각 법칙 간에도 작용한다.

이 이론에 비추어 볼 때, 어떤 특정 지역의 물리적 환경은 그 환경을 구성하는 생물학적 요소 즉 지역 내의 식물 군群과 동물군의 성장과 발육을 조절하고 규제하며 이들 동식물은 다시 상호 작용을 통해 사람들의 사고 유형에 영향을 끼친다. 사고 양식은 도덕 기준을 결정한다. 이런 관계는 물론 반대 방향으로도 이루어 질 수 있다. 도덕성은 사람들의 심리적 구조뿐 아니라 그 지역의 생물 및 물리적 환경에도 영향을 미친다. 이같이 다섯 가지 법칙은 인간과 자연이 상호 인과 관계 속에 묶여 있으며, 어느 한쪽의 변화가 필연적으로 다른 한쪽의 변화를 초래한다는 것을 알려주고 있다.

〈전륜성왕의 사자후 경〉의 주석서는 한걸음 더 나아가 상호 작용의 유형에 대해서도 설명하고 있다.[12] 인류가 탐

---

12 《장부주석서》 Ⅲ권 846쪽.

욕 때문에 타락할 경우에는 기근을 겪게 되고, 무지 때문에 도덕적으로 타락하면 전염병을 피할 수 없으며, 증오가 타락을 부채질했다면 폭력이 사방을 뒤덮게 된다. 인류가 자신의 도덕적 타락으로 인해 이와 같은 대대적인 파멸이 초래되었다는 것을 깨닫게 된다면, 그때야 비로소 소수의 살아남은 사람들 사이에 심경 변화가 일어날 것이다. 도덕성이 점차 되살아나면서 오랜 기간에 걸쳐 인因이 과果를 맺고 과果가 다시 인因으로 작용하기를 거듭하는 사이에 상황은 개선되어 인류는 점차 풍요와 장수를 누리기 시작할 것이다. 이 세상은 인간이든 자연이든 결국 어떤 도덕적 힘이 작용하느냐에 따라서 번성하기도 하고 멸망하기도 한다. 비도덕성이 세계를 지배할 때 사람과 자연은 퇴락하는 반면, 도덕성이 지배할 때 인간의 삶뿐 아니라 자연의 질도 개선된다. 탐욕, 증오, 미망은 안팎으로 오염을 일으키고 관용, 동정, 지혜는 안팎으로 정화를 가져온다. 이것이 부처님이 이 세계는 마음에 의해 지배 된다*cittena nīyati loko*고 말씀하신 근거 가운데 하나이다.[13] 초기 불교에 나타난 사상에 의하면 사람과 자연은 이와 같이 상호 의존적이다.

----

13 《상응부》 I 권 39쪽.

불교적 자원 이용

생존하기 위해 인류는 음식, 의복, 거주지, 의약품, 그 밖의 생필품을 자연에 의존할 수밖에 없다.

자연에서 최적의 혜택을 받으려면 인간은 자연을 이해해야 하고, 자연과 조화롭게 살게 되면 자연자원도 잘 활용할 수 있게 된다. 예를 들어 강우량의 계절별 유형, 관개灌漑에 의한 수자원의 보존 방법, 토양의 종류, 다양한 곡물의 생장에 필요한 물리적 조건 등과 같은 자연의 운행 원리를 잘 이해함으로써 더 많은 수확을 거두는 법을 배울 수 있다. 그러나 자연자원의 혜택을 장기간에 걸쳐 누리고 자 한다면 이러한 학습뿐만 아니라 도덕적인 절제도 함께 행해져야 한다. 살아가는 데 꼭 필요한 것만을 가지는 것에 만족할 줄 알아야지, 자기 욕심을 채우는 데 급급해서는 안 된다. 사람의 욕심은 끝이 없고 만족을 모르는 반면, 이 세계의 자원은 한정되어 있다. 현대인은 쾌락과 부의 획득을 향해 아무 제약 없이 탐욕을 부린 결과, 자연을 거의 고갈 지경에 이르도록 착취하고 만 것이다.

오늘날 과시적 소비주의는 시대적 명령으로 받아들여지

고 있다. 팩커드에 의하면 지난 40년 동안 미국 한 나라에서만 인류가 지난 4000년간 소비한 것과 같은 양의 자연자원을 소비하였다고 한다.14 수백만 년에 걸쳐 만들어진 방대한 양의 재생 불가능한 화석 연료들도 불과 2세기만에 소비되어 버려서 이제 거의 고갈되기에 이르렀다. 이러한 소비주의는 한편으로는 에너지 위기를, 다른 한편으로는 오염 문제를 낳았다. 끝없는 탐욕을 충족시키기 위해 자연을 무절제하게 착취하는 인류의 행태를 보면 우리가 잘 알고 있는, 황금알을 낳는 거위의 우화가 떠오른다.15

불교는 인간이 무엇인가를 추구함에 있어 무탐無貪, 무진無瞋, 무치無癡의 미덕을 반드시 지켜야 한다고 줄곧 주장해 왔다. 탐욕은 괴로움과 불건전한 결과를 낳는다. 지족知足 santuṭṭhi은 불교에서 높이 칭송하는 미덕이다.16 소

---

14 밴스 팩커드, 《*The Waste Makers* 낭비 조장자들》 1961, 런던, 195쪽 재인용.
15 이와 비슷한 이야기로 《자따까(본생경)》 No.136(I권 475쪽)과 비교해 볼 것.
〔역주〕〈금거위 자따까〉'가난한 한 가장이 죽었다. 그는 황금 깃털을 가진 거위로 태어났다. 가족들을 위해 한 번에 깃털 하나씩을 주었다. 그러나 아내는 욕심을 부려 남은 깃털을 한꺼번에 뽑아버렸다. 더 이상 그 가족에게 금깃털은 없었다.'

욕지족小欲知足하며 단순한 삶을 영위하는 사람을 불교에
서는 모범적인 인물로 높이 받들고 권장한다.17 인색18하
거나 낭비19하는 것은 인간을 퇴보시키는 두 가지 극단이
라 여겨 멀리한다. 부富는 방편으로서의 가치를 지니고 있
을 뿐이어서 최소한의 필요를 충족하는 것으로 그쳐야 한
다. 뭔가를 축적하는 일은 무분별한 반사회적 습관이며,
이는 소의 여물통 속에 들어 앉아 있는 욕심 많은 개의 행
태와 다르지 않다. 오늘날 어떤 국가들은 엄청난 양의 부
를 축적하고 있고, 인류의 절반이 배고픔과 기아로 죽어가
고 있는 와중에도 농작물의 시장 가격이 떨어지는 것을 막

---

16 《법구경》 204게.

17 《증지부》 Ⅳ권 2쪽, 220쪽, 229쪽.
〔역주〕 '이득을 탐내지 않고 존경을 탐하지 않고 멸시받지 않기를 바
라지 않고 부끄러워할 줄 알고 창피함을 알고 원하는 바가 적고 바
른 견해를 가진 비구는 동료 수행자들이 사랑하고 마음에 들어 하고
존중하고 경의를 표한다.'(2쪽) '알라위의 핫타까는 바라는 바가 적
다.'(220쪽) '이 법法은 바라는 바가 적은〔小欲〕 자를 위한 것이지,
바라는 바가 많은 자를 위한 것이 아니다. 이 법은 만족할 줄 아는
〔知足〕 자를 위한 것이지, 만족하지 못하는 자를 위한 것은 아니
다.'(229쪽)

18 《법구경 주석서》 Ⅰ권 20쪽 이하.

19 《법구경 주석서》 Ⅲ권 129쪽 이하.

고자 많은 양을 내다 버리는 일이 조직적으로 벌어지고 있
다. 풍요로운 시대가 낳은 참으로 서글픈 역설이라 하지
않을 수 없다.

　불교에서는 검약 그 자체를 미덕이라고 생각한다. 한 번
은 아난다 존자가 우데나 왕에게 승려는 다음과 같은 순서
로 승복을 알뜰하게 사용한다고 설명했다. 승복을 새로 받
으면 입던 승복은 이불로, 쓰던 이불은 요의 홑청으로, 전
에 쓰던 요의 홑청은 깔개로, 낡은 깔개는 걸레로, 너덜너
덜해진 걸레는 진흙에 이겨 방바닥이나 벽의 틈을 메우는
데 쓴다.[20] 이렇게 하면 조금이라도 쓸모 있는 것을 버리
는 일은 없다. 낭비하는 사람을 조롱하는 우화로서 '우드
애플 흔드는 이'라는 이야기가 있다.[21] 우드애플 가지를 흔
들면 익은 열매는 물론 익지 않은 것까지 다 떨어진다. 그
러면 나무를 흔든 사람은 익은 것만 줍고 나머지는 내버려

----

20 《율장》 II권 291쪽.
21 《증지부》 IV권 283쪽.
　〔역주〕 우드애플 : 인도 스리랑카 등지의 열대 야생과일. 돌덩이처
　럼 무겁고 단단하여 가지를 흔들면 잘 떨어짐. 단단한 껍질 속 과육
　이 특별히 향기로워서 음료로 즐김.

결국은 썩고 만다. 불교는 이렇게 낭비하는 태도를 반사회적인 행위로 볼 뿐 아니라 범죄 행위로까지 여긴다. 현재 자행되고 있는 것과 같은 과도한 자연 착취가 당시에 눈에 띄었다면 가장 강력하게 비난했을 것이 틀림없다.

불교는 자연에 대한 비폭력적 온건 태도를 주창한다. 〈싱가알로와아다 경*Siṅgālovāda Sutta*〉에 의하면 가장은 재산을 모을 때 벌이 꽃에서 꽃가루를 모으듯 해야 한다.[22] 벌은 꽃의 향기나 아름다움을 해치지 않고도 꽃가루를 모아서 달콤한 꿀로 만들어 낸다. 마찬가지로 사람도 자연을 온당하게 이용함으로써 자연을 넘어 자기 내면의 정신적 잠재력을 실현할 수 있어야 한다.

동·식물은 어떻게 대해야 하는가

불교의 오계는 모든 재가 불자들이 지켜야 할 최소한의 윤리 강령이다. 그 첫째 항목이 생명을 해치지 말라는 것이다. 이는 산 생명체의 목숨을 앗는 일이 없도록 각별히 조

---

22 《장부》 31경, Ⅲ권 188쪽.

심하여 모든 형태의 무기를 버려야 한다는 것이고 적극적인
의미로는 살아있는 모든 것에 대한 동정과 연민의 마음을
길러야 한다는 뜻이다.[23] 이에 따르면 재가불자들 역시 육
류를 거래하는 행위를 생업으로 삼아서는 안 될 것이다.[24]

출가자는 재가자보다 훨씬 엄격한 윤리 강령을 준수해야
한다. 생명체에 고의적이지는 않으나 위해를 가할 위험이
있는 관행도 삼가야 한다. 예컨대 부처님은 우기 동안 여행
을 금하라고 말씀하셨는데, 이는 비 오는 날 땅밖으로 나오
는 지렁이와 곤충들에 해를 끼칠 수도 있기 때문이다.[25] 비
폭력을 지향하는 같은 이유에서 승려가 땅을 파는 일도 금
한다.[26] 한번은 출가 전에 옹기장이였던 한 승려가 자기가
살려고 흙집을 짓고 깔끔히 마무리하기 위해 집을 불로 그
을린 적이 있었다. 그 과정에서 흙 속에 있는 수많은 생명

---

23 《장부》 1경, I 권 4쪽.
24 《증지부》 III 권 208쪽.
　　〔역주〕'비구들이여, 재가불자는 다섯 가지 상거래를 해서는 안 된
　　다. 무기거래, 생명체의 거래, 육류 생산 및 도살업, 독약거래, 술이
　　나 마약거래이다.'
25 《율장》 I 권 137쪽.
26 《율장》 IV 권 125쪽.

체가 타죽었을 것이므로 부처님은 이런 일을 절대 하지 못
하도록 하셨다. 결국 부처님의 가르침에 따라서 이러한 행
위가 좋지 않은 선례로 후세에 남지 않도록 흙집을 허물었
다.27 승려는 가장 작은 생명체에 대해서까지 신중하고 비
폭력적인 태도를 견지해야 하는바, 이런 맥락에서 거르지
않은 물을 마시는 것도 금지되어 있다.28 이는 그 자체로
위생에 좋은 습관이기도 하지만 무엇보다 생명체에 대해
동정하는 마음공부를 도와준다는 이유가 특히 돋보인다.

　불교는 또한 시방세계의 모든 생명체에 대한 한없는 '자
애심metta'을 닦도록 권장한다. 〈필수 자애경Karanīyamettā
Sutta〉은 약하건 강하건, 길건 짧건, 크건 작건, 미세하건
거대하건, 보이건 보이지 않건, 가까이 있건 멀리 있건, 태
어났건 태어날 때를 기다리고 있건 상관없이 모든 생명체
에 대한 자애심을 키우기를 촉구한다.29 시방十方이 두루
이러한 사랑의 태도로 뒤덮여야 한다. 내 생명이 나에게 소

27 《율장》 Ⅲ권 42쪽.
28 《율장》 Ⅳ권 125쪽.
29 《숫따니빠아따》 143-152게.
　〔역주〕법륜·여덟 《자비관》(〈고요한소리〉 간행) 참조.

중하듯이 남의 생명도 그 당자에겐 똑같이 소중하다. 따라서 살아있는 모든 것을 경건히 대하는 자세를 키워야 한다.

〈난디위사알라 본생담Nandivisāla Jātaka〉은 길들여 부리는 짐승을 어떻게 대해야 하는지를 예시하고 있다.30 야생 동물들도 부드러운 말로 길들일 수 있다. 빠아릴레야 Pārileyya는 부처님이 제자들과 떨어져서 홀로 숲 속에 계실 때 그 옆을 지키며 시봉한 야생 코끼리였다.31 격앙하여 날뛰던 코끼리 나아라아기리Nālāgiri를 순종하게 만든 것도 부처님의 신통력이 아니라 자애의 힘이었다.32 오로지 사람이 동정심을 키워 모든 생명을 연민의 마음으로 대하기만 하면, 사람과 짐승은 서로 두려워하지 않고 공생할 수 있다.

업과 윤회를 이해하는 것 역시 불자가 동물에 대해 동정의 태도를 갖게 되는 길이 된다. 이 믿음에 의하면 인간은

---

30 《본생경》 I 권 196쪽.
31 《법구경 주석서》 I 권 58쪽 이하.
32 《율장》 II 권 194쪽.

보다 하계인 축생계에 다시 태어날 수 있다. 이러한 견해를 구체적으로 보여 주는 경전으로 〈꾹꾸라와띠까 경〉을 들 수 있다.33 주석서에서 말하는 이러한 견해들에 대한 방대한 증거들은 《본생경》에서 찾아볼 수 있다. 우리들의 가까운 친척들이 동물로 태어나 살고 있을 수도 있다. 따라서 우리가 동물들을 친절과 동정으로 대해야 한다는 데 이론이 있을 수 없다.

또 공덕이라는 불교의 개념 역시 살아 있는 생물을 온화하고 비폭력적으로 대하게 하는 원인이 된다. 개숫물을 버릴 때, 그 물에 남아있는 미세한 찌꺼기를 먹고 살 수 있기를 바라며 벌레와 미생물들이 살고 있는 웅덩이에 버리면, 이런 사소한 마음 씀으로도 공덕을 쌓게 된다고 한다.34 〈맛춧다나 자따까〉를 보면 부처님이 보살35이었을 때 물고기에게 먹이를 주고자 먹고 남은 음식을 강에다 부어 주었는데, 이 공덕의 힘으로 곧 닥칠 재난을 모면했다는 얘기가 나온다.36 동물에 대한 따뜻한 마음은 그 동물

33 《중부》 57경 〈꾹꾸라와띠까 경*Kukkuravatika Sutta*(개처럼 행동하는 계를 지키는 자 경)〉 I권 387쪽 이하.
34 《증지부》 I권 161쪽.
35 〔역주〕 대각을 이루기 전의 부처님을 이르는 말.

의 크고 작음을 떠나 공덕의 원천이고, 이러한 공덕은 인간이 윤회 과정에서 겪게 될 운명을 개선시키고, 또 열반이라는 궁극적인 목표에 다가가는 데에 요긴하다.

불교에서는 식물계에 대해서도 따뜻한 마음과 해치지 않는 태도를 가져야 한다고 말한다. 쉼터를 제공해준 나무, 그러한 나무의 잔가지조차 부러뜨리면 안 된다고 한다.[37] 하물며 온갖 생필품을 제공해 주는 등 큰 도움을 주는 식물에 대하여 우리가 은혜를 저버리는 태도를 취해서 되겠는가. 승가의 계율에는 식물을 해쳐서는 안 된다는 엄격한 규율이 있다.[38]

------

36 《본생경》 II권 423쪽. 〈물고기 보시 본생담 *Macchuddāna Jātaka*〉
37 《아귀사 *Petavatthu*》 II, 9, 3.
38 《율장》 IV권 34쪽.
  〔역주〕 세존께서 알라위 국에 계실 때였다. 알라와까 비구들이 정사를 짓기 위해 나무를 잘랐다. 나무에 살고 있던 천신이 나무를 자르지 못하게 했으나 비구들은 말을 듣지 않았다. 그러자 천신은 비구의 팔을 때렸고 더 나아가 죽이려는 마음까지 내었다가 마침내 세존께 이 사실을 고하였다. 이에 세존께서는 천신에게 비구를 죽이지 않은 것은 잘한 일이라 하시며 다른 나무에 가서 살라고 권하셨다. 이 일을 듣게 된 사람들은 세존의 제자인 비구들이 명근을 지닌 생명을 해친 것을 멸시하고 비난하였다. 세존께서는 비구들에게 그들의 어리석은 행동에 대해 훈칙하셨다.

불교가 번성하기 전에도 사람들은 산, 삼림, 숲, 그리고 나무와 같은 자연 현상에 대해 경외심을 품고 있었다.[39] 그들은 이런 현상들이 강력한 힘을 지닌 인간이 아닌 존재들의 거주처이며 그들은 인간이 도움을 필요로 할 때 도와줄 능력을 지니고 있다고 생각했다. 불교가 인류에게 불·법·승[三寶]이라는 훨씬 수승한 의지처를 마련해준 후에도 그런 장소들은 여전히 민간 신앙 차원에서 공공연한 지지를 받고 있었는데 이는 땅의 신령[地祇][40]이나 야차[41] 같은 지상의 비인 존재들을 인정한다 해서 불교의 신앙 체계에 저촉되지 않았기 때문이다. 그래서 불자들 사이에는 아주 오래된 거목을 경배하는 태도가 존속하고 있다. 이러한 고목을 빠알리어로 와나스빠띠vanaspati라고 하는데 '숲의 제왕'이라는 뜻이다.[42] 게다가 거대한 서어나무, 사라수, 무화과나무들이 과거불過去佛들에게 깨달음의 터를 제공한

식물을 해치는 것은 단타죄(비교적 가벼운 죄로 비구 대중에게 참회해야 하는 죄)에 해당한다.

39 《법구경》 188게.

40 《상응부》 천신상응. I권 1-45쪽.

41 《상응부》 야차상응. I권 206-215쪽.

42 《상응부》 IV권 302쪽, 《법구경 주석서》 I권 3쪽.

나무로 인정되고 있기 때문에 나무에 대한 존숭 태도가 더 강화된 일면도 있다.[43] 잘 알려진 바와 같이, 현겁의 부처님이신 석가모니께서는 보리수 아래에서 큰 깨달음을 얻으셨다. 그래서 오늘날까지 보리수*ficus religiosa*는 불자들의 지극한 공경의 대상이다.

대중을 위하여 공원이나 유원지를 조성하는 것도 큰 공덕 행위로 간주된다.[44] 신들의 왕 제석천이 그 위치에 서게 된 것도 인간 몸으로 살던 때에 공원, 유원지, 연못, 우물과 길을 만드는 등 사회봉사를 많이 한 결과라고 한다.[45]

열린 공간, 자연 속의 거처, 삼림들은 동양인에게 정신적 자유의 상징으로서 각별한 매력을 띤다. 재가의 삶은 사람을 속박과 고통으로 묶는 족쇄이며, 출가는 열린 공간인 사람의 손길이 닿지 않은 자연과 같다고 본다.[46] 부처님 생애의 중요한 사건들 역시 열린 공간에서 일어났다.

---

43 《장부》14경, Ⅱ권 4쪽.
44 《상응부》Ⅰ권 33쪽.
45 《본생경》Ⅰ권 199쪽 이하.
46 《장부》2경, Ⅰ권 63쪽.

까삘라왓투 룸비니 동산의 나무 아래서 탄생하셨고, 보드 가야의 열린 공간의 보리수 아래에서 대각을 이루셨으며, 전법 활동을 끝맺으신 것도 빠와 시市에 있는 말라 족의 살라 동산이라는 열린 공간에서였다. 부처님이 제자들에게 계속 주신 충고도 숲속의 산림동산이나 빈터 같은 자연의 거처를 자주 찾으라는 것이었다. 그런 곳에 머물면 사람들의 소란 때문에 방해받는 일 없이 열심히 명상 수행에 전념할 수 있기 때문이다.[47]

환경오염을 어떻게 볼 것인가

오늘날 환경오염 문제가 너무도 거대한 비중을 차지해 버렸기에 인류는 생태위기에 직면하고 있다는 사실을 인정하지 않을 수 없게 되었다. 당장 오염과 관련된 신형 질병들에 위협받고 있는 형편이기에 더 이상 이 상황을 외면할 수 없게 된 것이다. 부처님 시대에서는 오염 문제가 이런 정도에 이를 수 있다고는 생각조차 할 수 없는 일이었다. 하지만 오염 문제에 대해 불자가 취해야 할 태도와 관

---

47 《중부》 119경, I권 118쪽 : 《상응부》 IV권 373쪽.

련된 통찰의 증거는 빠알리 경전에서 얼마든지 찾아낼 수 있다. 부처님 시대에 가장 일반적인 오염 물질은 침과 소변, 대변 등이겠는데 이런 것으로 풀이나 물을 오염시키는 것을 금하는 율이 율장에 여럿 실려 있는 것[48]으로 보아 이러한 오염의 발생에 대처하여 승가 규율을 제정했음을 알 수 있다.

나아가 적극적으로 청결을 강조하고 권장했다. 자신과 주위 환경뿐만 아니라, 강, 연못, 우물의 물을 깨끗이 유지하는 데도 신경을 많이 썼다. 이들 수원水源은 일반 대중이 공동으로 사용하기 때문에 각자가 물을 쓸 때도 다음 사람이 똑같이 깨끗한 물을 쓸 수 있도록 공동체 정신에 맞게 조심해서 쓰도록 당부했다. 풀밭의 청결에 관한 규율을 제정할 때에는 윤리적·심미적으로까지 고려하였다. 말할 것도 없이 풀은 대부분 동물들의 먹거리이며 이들을 오염시키지 않도록 행위를 삼가는 것은 인간의 도리이자 의무인 것이다.

오늘날 소음 문제는 어느 정도 이 문제에 시달리지 않는

---

48 《율장》 IV권 205-206쪽.

사람이 없을 정도로 심각한 환경 및 인간에 대한 공해원이 되고 있다는 것은 주지의 사실이다. 소음은 청력 상실, 스트레스, 짜증을 야기하고 분노를 일으키고 활력을 약화시키며, 결국 능률 저하까지 초래한다.**49** 소음에 대한 부처님의 입장은 빠알리 경전에 매우 분명하게 나타나 있다. 부처님은 소음을 못마땅히 여겼으며 소음 현상에 부딪힐 때마다 지체 없이 엄히 꾸짖으셨다.**50** 한 번은 한 무리의 스님들이 시끌벅적 소란을 피우자 절 밖으로 나가도록 명하신 적도 있다.**51** 부처님은 홀로 있기와 고요히 지내기를 더할 수 없이 좋아하셨으며, 정신 수양에는 침묵이 가장 알맞은 것이라 찬양하셨다. 경전에 보면 소음은 초기 단계의 명상자에게는 가시와 같은 것이다.**52** 물론 명상자의 수행이 그 단계를 지나 소리로 인해서 방해를 받지 않을 정도로 깊어지면 소음은 더 이상 방해 요인이 되지 않는다.

---

49 로버트 아빌,《*Man & Environment* 인간과 환경》(펭귄북스 1978) 118쪽.

50《증지부》III권 31쪽.

51《중부》67경, I권 457쪽.

52《증지부》V권 135쪽.

부처님과 제자들은 사람들의 방해가 없는 고요하고 한
적한 자연의 거처를 즐겼다. 절 지을 터를 물색할 때에도
고요가 방해받을 위험이 있는지 그 여부부터 살폈다.[53]
고요는 마음이 청정한 사람들의 기운을 돋우고 정진력을
끌어올려 준다. 한편 고요는 탐욕, 증오, 미혹의 저급한
충동에 내몰린 청정하지 않은 사람들을 불안하게 만들기
도 한다. 〈바야베라와(공포) 경 *Bhayabherava Sutta*〉에서는
심지어, 숲 속에서 나뭇가지가 떨어지면서 나는 잎들의
바스락거리는 소리가 마음이 청정하지 않은 사람을 놀라
게 하는 양을 멋있게 그려 보여준다.[54] 이것은 오늘날 사
람들이 왜 트랜지스터, 라디오, 카세트 등으로 끊임없이
청각적 자극을 추구하고 있는가에 대한 설명이 될지도 모
른다. 탐욕, 허욕, 취득 본능, 공격성 등으로 인해 도덕적
순수성을 상실한 우리는 겁약할 대로 겁약해져서 자기를
살펴보았을 때 그 실상을 적나라하게 드러내 보여주는 고
요, 다시 말해 자신이 어떤 수준의 도덕 생활을 영위하고
있는지 그 실상을 살펴보게 만드는 고요를 감내할 수 없

53 《증지부》 V권 15쪽.
54 《중부》 4경, Ⅰ권 16-24쪽.

을 지경이 되어 버렸다. 그래서 사람들은 시끄러운 음악에 파묻혀 지내고 싶어 한다. 신경을 안정시켜주고 긴장을 풀어주는 고전풍의 음악과는 달리 록 음악은 사람들의 감각을 흥분시킨다. 그런 음악에 계속 빠져 지내다 보면 사람들은 신경 안정제 없이는 긴장 이완이나 숙면을 이룰 수 없게 되어 버린다.

그러한 음악에 대한 불교의 태도를 어떻게 이해해야 할까. 언젠가 부처님이 음악을 꽤 긍정적으로 평가하신 듯이 전하는 기록이 있긴 하다. 천상의 음악가인 빤짜시카*Pañcasikha*라는 간달바가 부처님 앞에서 류트를 연주하며 노래를 부르자 부처님은 기악과 성악이 잘 어울린다며 그의 음악 재능을 칭찬하셨다는 것이다.[55] 또 어떤 아라한이 여러 악기가 어울려 내는 음악보다 사물의 진정한 본성을 보는 기쁨이 훨씬 더 크다는 말을 한 것을 미루어[56] 음악이 보다 높은 종류의 즐거움에 비해 하열하긴 하지만 어느 수준의 즐거움을 준다는 점은 인정하고 있다고 볼 수 있다. 하지만

----

55 《장부》 21경 〈삭까의 질문 경〉 II권 267쪽.
56 《장로게》 398게.

귀가 강력한 감각 통로이며 그것 때문에 사람들이 감각적 쾌락에 빠져들게 된다는 점은 뚜렷이 강조되고 있다. 승가의 계율은 스님들이 듣기 좋은 가락을 탐하는 것을 막으려는 분명한 의도에서 노래를 한낱 비가悲歌로 평하고 있다.[57]

자기 마음을 살피고 다스리는 공부는 스님들의 특장이기 때문에 외면적 고요의 맛뿐 아니라 말, 욕구, 생각과 같은 내면적 고요의 맛을 아는 성향 또한 개발하지 못 할 리가 없다. 일상 깨어 있을 때에도 우리 안에 끊임없이 계속되고 있는 내면적 재잘거림, 즉 미처 음성을 타지 못한 말들은 명상을 통해 능히 가라앉힐 수 있다.[58] 이 내면의

---

57 《증지부》 3법집 103경 〈바른 깨달음 품〉 I 권 261쪽.
  〔역주〕 〈룬나(슬피 욺) 경Runna Sutta〉: '성자의 율에서 노래하는 것은 슬피 우는 것이고 춤추는 것은 미친 짓이다. 이를 드러내고 지나치게 크게 웃는 것은 유치한 짓이다. 그러므로 노래할 조건과 춤출 조건을 부수라. 그대들이 어떤 이유로 즐겁다면 단지 미소를 짓는 것으로 충분하다.'

58 《상응부》 IV 권 217쪽, 293쪽.
  〔역주〕 '초선에 들면 말이 그치며, 이선에 들면 생각 일으킴과 추론적 사유가 그치며, 삼선에 들면 희열이 그치며, 사선에 들면 입출식이 그친다……'(217쪽) '장자여, 비구가 상수멸에 들 때 먼저 말의 작용들이 그치고, 그 다음에 몸의 작용이 그치고, 그 다음에 마음의 작용이 그친다.'(293쪽)

말들을 완전히 가라앉힌 현인을 무니牟尼 *muni*, 즉 고요한
사람이라고 부른다.**59** 무니의 내면적 고요는 심지어 말하
고 있는 동안에도 유지된다.

  기왕 말에 대해 언급했으니 불교의 말에 대한 태도를 살
펴보고 지나는 것이 적절할 것 같다. 요컨대 불교에서는
말을 함에 절도를 지키는 것을 미덕으로 간주한다. 우리가
입으로 짓는 네 가지 불선한 행위〔口業〕 즉 거짓말, 비방하
는 말, 험한 말, 쓸데없는 말을 피할 수 있기 때문이다. 또
적극적 면에서는 절도 있게 말을 하다보면 자신의 도덕적
수준을 자각할 수 있는 자기 알아차림의 능력이 저절로 개
발된다. 불교에서는 적절한 때에 말하기, 진실을 말하기,
온화하게 말하기, 유익한 것을 말하기, 자비심에서 우러난
말하기를 권하며 이와 반대되는 말은 질책한다.**60** 부처님
이 말에 관하여 승가에게 주신 일반적인 충고로는 법을 논
의하는 자리는 같이하되 그렇지 않은 경우에는 고귀한 침
묵을 지키라는 가르침을 들 수 있다.**61** 부처님 시대의 대

----

59 《숫따니빠아따》 207-221게; 《증지부》 I 권 273쪽.
60 《중부》 21경 〈톱의 비유 경〉 I권 126쪽.

규모 승가 모임을 지배한 침묵은 당시의 왕들마저도 놀라움을 금치 못하게 할 정도였다.[62] 침묵은 마음이 청정한 사람의 정신적 향상을 도우는 것인 만큼 음울한 것이 아니라 화창하고 고결한 것이라 해야 마땅할 것이다.

재가불자들도 고요와 침묵의 가치를 잘 알고 있었다. 목수 빤짜깡가Pañcakaṅga의 얘기가 훌륭한 일례가 되겠다.[63] 또 다른 예로 한번은 석가족의 마하나마라는 사람이 부처님께 까삘라와투 같은 분잡한 도시의 혼란스러움 때문에 마음이 흐트러진다고 하소연한 적이 있다. 사원의 한적한 분위기에서 부처님을 뵈면 고요한 평온에 젖어들 수

---

61 《중부》 26경 〈고귀한 구함 경〉 I권 161쪽.
62 《중부》 89경 〈법의 장엄 경〉 II권 122쪽; 《장부》 2경 〈사문과경〉 I권 50쪽.
63 《중부》 78경 〈사마나만디까 경〉 II권 23쪽.
〔역주〕 부처님의 재가신도였던 목수 빤짜깡가는 어느 날, 너무 이른 아침이라 부처님과 비구들을 뵙기에 적당하지 않은 것 같아 사마나만디까의 아들, 욱가하마나 유행승을 만나러 갔다. 다른 많은 유행승과 온갖 얘기들로 시끄럽게 떠들고 있던 욱가하마나가 멀리 빤짜깡가 목수가 오는 것을 보고 회중에게 조용하라고 이르면서, '세존의 제자 빤짜깡가는 고요함을 좋아하고, 고요함을 높이 사며, 고요함에 익숙해 있는 사람이기에 우리가 고요해야 가까이 올 것'이라고 말한다.

있는데 막상 도시에 나가면 마음의 평화가 깨져 버린다는
것이었다.[64] 물론 부처님 시대에는 건강을 위협할 정도의
소음 공해는 없었다. 그러나 우리는 앞서 이 문제를 부처
님께서 어떻게 보셨는지 잘 알 수 있는 예를 빠알리 경전
에서 인용했었다. 정적은 이를 유지하면 정신적 면에서 보
답해 주기 때문에 높이 평가해준 데 반해, 소음은 개인에
게나 사회에 말썽만 일으킬 뿐이라고 단정했던 것이다.

자연 : 미의 원천

　부처님과 그 제자들은 자연의 아름다움을 큰 즐거움과
심미적 만족을 주는 원천이라 보았다. 감각적인 세속의 즐
거움을 떨쳐낸 성자들은 자연의 아름다움도 관조적인 감
식안으로 반응했다. 일반적으로 시인들은 자연이 불러일
으키는 정취에서 영감을 얻고, 자연과 감성적 교감을 한
다. 예를 들어, 산등성이를 넘어가는 석양빛을 보고 정감
어린 얼굴에 띤 홍조를 연상한다거나, 이슬방울에서 눈물
을, 장미 꽃잎에서 사랑하는 이의 입술을 떠올린다든가 하

------

64 《상응부》〈마하나마 경〉 V권 369쪽.

는 것 등이다. 그러나 성자가 자연을 보는 눈은 시인과는
전혀 다르다. 성자는 자연의 아름다움을 그 자체로 받아들
이며 자연에서 감각적 연상이나 자기 투사적 생각에 물들
지 않은 즐거움을 이끌어낸다. 자연의 오묘한 아름다움을
보고 읊은 마하까사빠 장로의 게송은 그런 즐거움이 어떤
것인가를 보여준다.[65]

> 영혼에 기쁨을 주는 고지의 숲 속 빈터,
> 사향 장미 넝쿨이 펼쳐지고,
> 코끼리 울음소리 울려 퍼지는 곳,
> 내 영혼이 즐거운 바위산.
>
> 짙푸른 구름 빛의 바위 언덕,
> 수정처럼 맑고 시원한 호수물이
> 잔물결을 이루며 반짝이고
> 인다고빠까[66]로 뒤덮여 있는,

---

65 《장로게》 1062-1071게 〈마하까사빠의 노래〉
66 〔역주〕 인다고빠까*Indagopaka* : 말 그대로 풀면 '인드라-지킴이'.
   그 뜻에 대해서는 여러 해석이 있어서, 여러 다른 책들에서는 일종의
   벌레로 번역하고 있다. 그러나 벌레로 덮인 곳이 수행자들에게 적합

내 영혼이 즐거운 바위산.

비에 젖어 상쾌한 바위 언덕,
말없는 성자들이 종종 찾는 한적한 곳
공작새 번갈아 지저귀는,
내 영혼이 즐거운 바위산.

또한 깔루다이 존자가 부처님께 까삘라와투를 방문해
주시도록 권하며 아름다운 게송으로 봄을 찬양하고 있
다.[67]

나무들이 붉은 빛으로 타오르고,
열매를 맺으려 낡은 잎을 흩뿌립니다.
불꽃처럼 찬란히 빛납니다.
오, 위대한 분이시여,

한 곳이 아닌 듯 여겨져 분명한 결론을 얻지 못하는 것 같다. 담마팔
라의 《장로게 주석서》에 다음의 세 가지 (1) 빨간 벌레*rattakimi* (2) 빨
간 풀*rattatiṇa* (3) 금색 꽃이 피는 나무*kanikārarakkha*로 해석 소개하
고 있다.
67 《장로게》 527-529게 〈깔루다이의 노래〉

희망으로 충만한 시간입니다.

푸르른 나무마다 꽃피는 시간,
우리가 어디를 보든
눈에는 즐거움이 가득하고
사방에 향기로운 바람이 붑니다.
꽃잎은 떨어지고
염원이 열매를 맺습니다.
오! 위대한 분이시여,
그곳으로 떠날 시간입니다.

한때 유명한 무용수였다 아라한이 된 딸라뿌따 존자가
쓴 긴 게송은 환상적인 독백이다.[68] 그의 종교적인 서원이
부처님의 가르침에 대한 심오한 인식과 함께, 숲 속의 안식
처를 배경으로 아름답게 어우러져 있다. 성자가 자연을 어
떻게 음미하는가에 대해 더 많은 시를 인용할 수도 있지만
여기서는 그럴 필요가 없겠다. 단지 성자들 역시 자연의 아
름다움과 조화에 민감했다는 점, 그리고 그들의 감식안은

---

68 《장로게》 1091-1145게 〈딸라뿌따의 노래〉

자연을 거스르지 않으며, 단순 소박하며, 감각에 의존하지 않는 정신성을 특징으로 한다는 것만 알면 족할 것 같다.

결론

현대에 와서 인간은 자기 자신과 자연으로부터 소외되어 버렸다. 과학이 자연의 비밀을 하나하나 풀어가면서 지식의 새로운 지평을 열기 시작하자 인간은 점차 유신론적 종교에 대한 믿음을 잃게 되었다. 당연히 이는 도덕적, 정신적 가치에 대한 존중심도 빈약해지는 결과로 이어졌다. 거기다 산업혁명이 시작되고 그와 더불어 기계에 의한 천연 자원 개발이 부의 취득 수단으로 자리를 잡아가면서 인간의 태도와 가치관은 점점 더 물질주의로 기울게 되었다. 감각적 쾌락의 추구와 재산의 취득 그 자체가 목적이 되었다. 인간의 감각 기능이 인간 자신을 가차 없이 지배하게 되었고 인간은 끝없이 탐욕을 부리는 자신의 열정의 노예가 되었다. (공교롭게도, 빠알리어로 감각 기능은 인드리야*indriya* 根, 곧 '지배하는 자'라 하는데, 그것은 사람이 감각 기능을 지배할 만큼 충분히 깨어있지 못하는 한, 감각 기능이 사람을 지배하게 되기 때문이다) 이처럼 인간은 감각적 즐거움과 취득 본능의 힘에 자기를 내맡김으로써 인간 자신으로부터 소외되기에 이르렀다.

  점점 더 많이 소유하려는 탐욕 때문에 인간은 자연에 대해 폭력적이고 공격적인 태도를 취하게 되었다. 인간은 자신이 자연의 본질적인 주요 부분이라는 사실을 잊은 채 자연을 무절제한 탐욕으로 착취하고 있고, 그 결과 자연으로부터도 자신을 소외시키고 있다. 종국적으로 인간에게 남겨진 것은 한편으로는 육체적·정신적 건강의 악화요, 다른 한편으로는 재생 불가능한 천연자원의 급속한 고갈과 환경의 오염이다. 이와 같은 결과는 인간의 도덕적 퇴행이 자신의 수명을 단축하고 천연자원을 고갈시킨다는, 앞에서 인용한 경전의 가르침을 상기시킨다.

  도덕적 퇴행은 양날의 칼과 같아서 자연은 물론 인간의 정신적·육체적 안녕에도 좋지 않은 영향을 미친다. 심장병, 암, 당뇨병, 에이즈 등과 같은 치명적인 병에 희생되는 사람의 수가 전에 없이 급격히 늘어나고 있다. 이 모든 사태를 분석한 결과 인간의 도덕적 저질화에서 그 원인을 찾는 길 밖에 없다는 결론이 나온다.
  광대한 화석 연료와 삼림 자원의 고갈은 대단히 심각한

에너지 위기를 초래하고 말았다. 이백 년도 채 못 되는 이 고갈 기간은 그 소중한 자원이 형성되는 데 걸렸던 수백만 년의 시간에 비하면 촌각에 지나지 않는다. 재생 불가능한 자연자원이 이토록 짧은 기간에 그렇게 빨리 소진되고 만 것은 현대인의 분수없는 탐욕과 취득심 때문이라는 사실은 아무리 강조해도 모자란다. 고대의 몇몇 단순한 사회에서 도 수백만 명의 기본적 필요를 충당할 수 있게끔 설계된 꽤 나 정교한 관개灌漑 체계를 갖추고 있었던 점으로 미루어 진보된 전문 기술이 존재한 것은 분명하다. 그런데 이런 기 술이 여러 지역에서 이천 년이 넘게 지속되어 왔지만 환경 오염이나 자연자원 고갈 같은 문제는 전혀 발생하지 않았 다. 이것은 이들 문명의 기반을 형성하고 창조력을 계속 공 급해 준 철학이 유효적절한 것이었기 때문임이 분명하다.

오늘날 생태계 위기에 직면한 인류는 근본적인 해법을 찾아야만 한다.

"공해는 장기 대책으로 임하거나 대증 요법에 매달리거 나 간에 치료 또는 미화의 기준에 입각해 있는 한 결코 해 결될 수 없다. 어떤 해결책이든 모두 기본 원인들을 풀어 나가는 데서부터 출발해야 한다. 거기에는 우리의 가치관,

우선순위 그리고 선택이 주요 변수가 될 것이다."**69**

　인류는 자신의 가치 체계부터 반드시 재평가해야 한다. 지금까지 인간의 삶의 방식을 이끌어온 물질주의는 우리로 하여금 대단히 심각한 문제에 봉착하게 만들었다. 불교에서는 '마음이 모든 것에 앞서며, 마음이 최상最上이다'라고 가르친다. 사람이 순수하지 않은 마음, 즉 탐욕과 성냄과 미혹에 사로잡힌 마음으로 행동하면 괴로움이 반드시 따라온다. 사람이 순수한 마음, 즉 앞의 것들과 정반대의 자질인 지족과 연민과 지혜로써 행동하면 행복이 따라오기를 마치 그림자가 따라 오는 듯 한다.**70** 자연에서 오염 현상이 생기게 된 것은 인간 내면에 심리적 오염이 선행해 있었다는 데에서 비롯되었다는 것을 우리는 꼭 깨달아야 한다. 만일 깨끗한 환경을 원한다면 도덕적 정신적 차원을 기반으로 하는 삶의 방식부터 택하고 볼 일이다.

　불교는 자발적 고행과 자의적 방일 두 가지 극단 모두를 삼가는, 단순하면서 온건한 중도中道의 생활 방식을 제시

69 로버트 아빌, 같은 책 170쪽.

70 《법구경》 1-2게.

한다. 인간에게 기본적으로 필요한 것들의 충당, 욕구의 최소화, 검약과 지족은 불교의 주요 특징들이다. 개개인 각자가 일반적 행동 기준에 따라 생활을 조정하고, 감각을 즐김에 있어 자제력을 발휘하고, 각종 사회적 역할에서 책무를 다하며, 매사에 지혜와 자기 살핌으로 임하도록 요청하고 있다.

전체 인류가 환경을 오염시키는 일을 그만두려면 개개인이 단순하고 절도 있는 생활 방식을 채택해 나가는 길밖에 없다. 이 길만이 작금의 생태계 위기와 소외의 문제를 극복할 수 있는 유일한 방법이다. 이런 생활 방식을 통해 인간은 자연에 대해 착취하지도 파괴하지도 않는 온건한 태도를 견지할 수 있을 것이다. 그러면 인간은 자연을 기본적 필요를 충족하는 자원으로 활용하면서 자연과 함께 조화롭게 살 수 있다. 불교의 가르침은 꿀벌이 꽃에서 꽃가루를 모을 때 꽃의 아름다움을 훼손하지 않고 향기도 날려 버리지 않고 모으는 것과 같은 방법으로 자연을 활용하라는 것이다. 꿀벌이 꽃가루에서 꿀을 만들어 내듯이 사람도 자기의 삶의 터전인 자연계를 조금도 손상시키지 않으면서 자연속의 삶에서 행복과 성취를 얻어낼 수 있고, 또 반드시 그렇게 되어야 한다.

제2장
불교철학에서 생태발전의 영감을 얻다

클라스 샌델*

인간은 과학기술이라는 도구로 자연을 유린하고 있다. 자연
에 대한 이러한 우리의 태도를 재검토해야 할 필요가 있다.
베리 커머너71

---

* 〔역주〕클라스 샌델Klas Sandell : 스웨덴 칼슈타드 대학교 교수. 자
연, 환경 역사, 개발 전망, 야외 레크리에이션에 관하여 연구하고 있
다. 이는 1980년 중반(스리랑카에서 이 책을 편집할 당시)부터 이어
진 그의 저술 활동의 연장선상에 있다고 볼 수 있으며, 그는 인간과
자연경관과의 관계, 자연과의 조우, 지속가능한 발전의 필요성 등에
관심을 갖고 연구해왔다. 그는 오늘날 대부분의 환경문제는 산업 국
가들의 근시안적인 물질 만능주의가 낳은, 인간과 자연과의 관계를
올바른 관점에서 보지 못한 결과라는 사실을 계속 강조하고 있다.
　최근 저작으로는 Sandell, Öhman & Östman 공저《*Education for
Sustainable Development · Nature, School and Democracy* 지속가
능한 발전을 위한 교육: 자연, 학교, 민주주의》(Studentlitteratur,
2005. Lund, Sweden) 등이 있다.

71 파바·밀턴 엮음《*The Careless Technology: Ecology and
International Development* 부주의한 기술: 생태학과 국제적 발전》
(뉴욕, 자연사출판사 1972) xxix쪽.

생태발전

생태발전Ecodevelopment은 '대안적' 혹은 '다른 어떤' 발
전을 추구하는 데 있어 빠져서는 안 되는 핵심 부분으로
인식되어야 한다. 그것은 전후 시대를 줄곧 지배해온 근대
화와 산업화라고 하는 두 지배적 개념에 대한 대안 모색을
포함한다. 맥널핀에 의하면 이상적인 발전이 되려면 다음
과 같은 특징을 지녀야 한다. 발전은 반드시 필요할 때 해
야 하며, 내부적 원인에서 비롯되어야 하고, 독립적이면서
생태적으로 정당해야 하며, 구조적 변화 능력을 바탕에 깔
고 있어야 한다.[72] 대안적 발전을 향한 모든 노력은 자연
과의 장기적이고도 안정된 관계를 필수적 기반으로 삼고
있어야 한다. 이러한 조건을 갖춘 발전 가운데 생태학적
자각, 인간과 자연간의 관계가 강조될 때 종종 생태발전이
라는 용어가 적용된다.[73]

〔역주〕 베리 커머너Barry Commoner : 1917~2012. 미국의 식물학
자 · 생태사회학자. 워싱턴대학교 교수 역임.

[72] N. 맥널핀, 《*Another Development: Approaches and Strategies* 또
다른 발전: 접근과 전략》(웁살라, 다그함마르셸드 재단 1977) 10쪽.

[73] B. 헤트네, 《*Development Theory and the Third World* 발전이론과

'생태발전'은 '생태'와 '발전'의 두 부분으로 나누어지는 데 각각에 대해서 나는 '지속 가능성'과 '자기 의존성'이라는 핵심 개념을 적용하고 싶다. '지속 가능성'이라 함은 생태계의 장기적인 산출력을 위태롭게 하지 않는 접근방법과 기술이 필요하다는 뜻이다. '자기 의존성'이라는 개념은 발전의 과정이 그 지역의 자연과 문화 환경에 근거해서 이루어지기를 바란다는 것을 나타낸다. 이러한 맥락에서 '적정 기술', '지역인의 참여', 그리고 '다양성'과 같은 말을 쓴다.

불교적 영감靈感

그렇다면 이런 모든 것들이 불교철학과는 무슨 상관이 있는가? 불교는 특정한 정치 형태를 옹호하지도 않고 특정한 경제 프로그램을 제안하지도 않는다. 그러나 나는 생태위기를 전망함에 있어서는 반드시 지속 가능한 발전이

제3세계》(스톡홀름, SAREC 보고서 1982); R. 리델,《*Ecodevelop-ment* 생태발전》(가우어, 뉴햄프셔 1981) ; I. 작스,《*Ecodevelopment* 생태발전》, Ceres(1974) 11-12월호, 8-12쪽 등 참조.

라는 개념을 강조하고 이를 위해 영감을 주는 원천들을 철학과 실수행 양면에서 두루 세밀하게 조사 검토해 봐야 한다고 굳게 믿는다. 그래서 이 글의 제목을 '불교철학에서 생태발전의 영감을 얻다'라고 하게 되었다. 빠드마시리 드 실바는 이렇게 말한다. "불교 전통에는 자연에 접근하는 데 두 가지 태도가 있다. 자연 자원에 대해 깊이 정통하여 인간의 용처用處에 순응시키는 것이 그 하나요, 명상적 태도를 견지하는 가운데 우리가 품고 있는 평화와 고요의 이미지를 자연에서 찾아내는 것이 또 다른 하나이다. 이 두 가지 태도는 서로 합치될 수 있으며, 이는 자연에 대해 공격적이고 폭력적인 태도와 대립된다."[74]

불교와 생태발전에 관한 나의 생각을 다음 네 가지 항목으로 정리하고자 한다.

1. 인간 생명의 유한성 : 주로 인간이 물질과 자연 법칙에 접근하는 방식과 관련지어 살펴본다.

2. 정신적 발전의 중요성 : 특히 근시안적 시각과 물질주의

---

74 빠드마시리 드 실바, 《*Value Orientation and Nation Building* 가치정립과 국가건설》(콜롬보, 레이크하우스 1976) 37쪽.

에 대척되는 요소로 본다.

3. 초연한 사랑과 집착하는 사랑의 차이 : 여기에는 요구나 집착과 무관한 상호 관계의 중요성을 잘 알고 이를 발전시키는 능력이 포함된다.

4. 인간과 자연 간의 조화로운 관계의 가능성 : 다른 물리적 생물학적 요소들과의 관계에서 인간이 점하는 특이한 위치에 입각해서 검토한다.

인간 생명의 유한성

불교는 사물을 '있는 그대로' 보아야 한다는 점을 매우 강조한다. 이 세상의 참된 본성에 대한 통찰력을 얻을 때 비로소 인간은 채워지지 않는 욕구와 이를 충족하려는 노력을 끝없이 반복하는 굴레에서 벗어날 수 있다.

인간은 자연의 한 부분이며 동일한 자연법칙에 따라 변화하므로 인간과 자연환경 사이에 명확한 구분선을 긋는 것은 불가능하다. "왜냐하면 불교에 의하면 존재 구성 요소들은 인과 법칙에 의해 서로 연결되어 있다. 그 요소들은 어떤 전체를 구성하는 조각들은 아니지만, 그럼에도 서로 연결되어 있고 서로 의지한다."[75] 릴리 드 실바는 "인간과 자연은 서로 연결되어 있어서 어느 한쪽의 변화가 다른 한쪽의 변화를 초래하는 경향이 있다."고 쓰고 있다.[76]

인간-자연 관계에서의 작용과 반작용에 대한 이러한 불교의 견해는 현대 과학의 개념들과 매우 근접해 있다. 현대 과학 중에서도 특히 생태학과 인간생태학은 자연의 제반 요소가 서로 어떻게 연관되어 있으며, 인간의 침해 행위가 시간과 공간 속에서 어떻게 반향을 불러일으키는가를 관찰했다. 뿐만 아니라 불교와 현대과학은 진화의 개념에 관해서도 생각이 비슷하다. 진화론에서는 항상 변화하는 상황 속에서 무상한 구성 분자인 인간의 역할을 강조한다. 다음 구절에서 그 유사성을 확인할 수 있다. "불교에 따르면 우리가 살고 있는 세계가 현재처럼 된 것은 장구한 세월에 걸쳐 펼쳐진 점진적인 전개 과정의 결과라고 말한

----

75 Y. 카루나다사, 《*The Buddhist Analysis of Matter* 물질의 불교적 분석》(콜롬보, 정부출판사 1967) 176쪽.

76 릴리 드 실바, 〈Psychological and Ethical Dimensions of Humanity's Relation to Nature 자연과의 관계에 있어서 인간의 심리적, 윤리적 차원〉, 《대화》(1978) 5권, 6쪽.

다."**77**

　주변 세계를 지각하고, 그에 대한 느낌이 생기면서 인간
은 '자아'라는 환상을 갖게 된다. 이러한 환상 때문에 그
'자아'를 보호하고자 하는 욕구, 즐거움의 추구, 소유하고
자 하는 충동, 그리고 모든 형태의 불안정을 회피하려는
시도가 나타나게 된다. 그러나 위에 언급하였듯이 모든 것
은 변화하므로〔無常〕 불만족스러움〔苦〕이 끊임없이 일어나
게 마련이다. 인간이 이러한 상태에서 해방되는 유일한 길
은 자신과 주변의 모든 것들이 무상하고 가변적이라는 사
실을 깨닫고 수용하는 데 있다.

　인간 자신을 포함해서 세상 모든 것이 무상하며 인간이
인과법에 매여 있다는 사실을 자각하는 것은 자연에서의
인간의 역할을 제대로 이해하는 데에 중요한 토대가 된다.
그러한 자각을 통해 우리는 좀 더 겸손해지고 사려 깊어질
수 있다.

---

77 같은 책, 5쪽.

정신적 발전의 중요성

불교는 인간 개개인 모두가 정신적 발전을 통해 이 세상의 본성을 좀 더 잘 이해하게 되어야 한다고. 그럼으로써 자신이 필요로 하고 있는 것들이 얼마나 근시안적 안목에서 나온 것이며 만족할 줄 모르는 데서 비롯된 것인지 깨닫게 되어야 한다고 강조한다. 그 뿐만 아니라 부처님은 자연을 가까이하는 것이야말로 진정 필요로 해야 할 일이라는 것을 강조하면서 마음이 항상될수록 자연을 그만큼 더 풍요하게 누리게 된다는 점을 지적하셨다.

숲은 즐거운 곳!
거기서 세속 사람들은 즐거움을 보지 못하지만
욕망을 떨쳐버린 사람들은 기뻐하리니.
감각적 쾌락을 추구하지 않기 때문에.
《법구경》 99게

이제 우리가 정신적인 것과 물질적인 것 사이에서 더 많은 균형 감각을 유지해야 한다는 점은 분명해졌을 것이다. 특히 현대와 같은 소비 사회일수록 자연과의 보다 긴밀한 접촉이 정신적 발전을 추구하는 데 있어 중요한 기반이 될 수 있다. 균형 감각을 잘 유지하는 것, 물질적 필요를 과장하는 버릇을 고치는 것 등이 바로 생태발전의 핵심이다. 지구라는 행성은 물질을 향한 인간의 끝없는 욕망을 결코 충족시켜 줄 수 없다. 그에 반해 정신적 발전은 그 자체가 하나의 목표이며, 발전에 필요한 균형 감각을 키우는 수단도 된다.

초연한 사랑과 집착하는 사랑

'소유하려는 충동'에 대처해야 할 필요성에 대해서는 이미 언급한 바 있다. 환경 파괴와 자연 보존에 관해 논의하면서 자연의 진정한 가치에 대한 더 깊은 이해와 사랑이 필요하다는 점을 언급하는 것을 자주 듣는다. 이럴 때 눈여겨보아야 할 점은 그러한 이해와 사랑 같은 개념들이 '마음의 발전'과 관련되어 쓰일 때 새로운 함의를 띠게 되지는 않는지, 또 그럴 때 어떤 방식과 경로를 거쳐 그렇게 되는지 하는 점이다. 생태발전이라는 개념에 불교가 가장 크게 기여하는 것 중 하나가 바로 이 점이라고 나는 생각한다.

불교는 이타적 사랑과 집착·소유 충동에 매인 사랑의 차이에 주목한다. 불교에서는 집착의 감정 없이 사람이나 사물의 진정한 가치를 이해하는 법을 배울 필요가 있음을 강조한다. 더글러스 번즈는 말한다. "열반에 이른 사람들은 아름다움을 마음껏 찬탄하지만 그것에 집착하는 일이 없다. 이를 집착 없이 누린다고 한다."[78]

사실 어떤 형태로든 관계 맺음이 될 경우, 그런 관계맺음에 조금이라도 접근하게 되면 벌써 우리는 그 사람 또는 사물에 애착하게 되고 소유하거나 이용하고픈 충동을 느끼기 마련이며, 우리 모두 그렇게 되지 않기는 천성적으로 매우 힘든 일이다. 당장 가까운 사람들을 떠올려 보자. 애착 없이 그들을 대할 수 있을까. 또 사별할 때 비탄에 빠지지 않을 수 있을까. 인간의 이런 성향을 살펴볼 때, 자연에 대해서도 견고하고 장기적인 상호 관계가 필요하니까 애착을 놓느니 차라리 자연스런 천성인 애착심에 기대는 쪽이 더 낫지 않느냐는 생각이 들는지도 모른다. 그러

---

78 더글러스 번즈, 《*The Population Crisis and Conservation* 인구위기와 보존》(Bodhi Leaves B 76, BPS 1977) 15쪽.

나 초연한 마음이 커질수록 자연에 대해서도 이익을 도모하거나 이기적으로 이용하려는 생각이 줄어들고 이해타산 없이 자연의 진가를 있는 그대로 이해하고 누리게 되기 때문에 애착을 내려놓음은 자연에의 접근을 증진시키는 데 중요한 전제가 된다.

집착하는 사랑과 초연한 사랑의 차이는 탐욕과 필요의 차이라고 할 수도 있다. 오늘날 환경 문제를 심화시키고 지구를 황폐하게 하는 생산의 상당 부분은 명백히 탐욕의 범주에 들어간다. 군비 경쟁이나 우주 개발 경쟁은 말할 나위도 없고, 가구당 몇 대씩 되는 자동차나 컴퓨터, 일회용 포장 등등 그 모두가 여기에 속한다. 자연을 길이길이 활용할 생각이라면 탐욕과 필요의 차이에 대한 진지한 토론과 좀 더 철저한 각성이 밑받침 되어야 할 것이다.

인간과 자연의 조화로운 관계

인간이 주변 환경을 조작할 수 있는 능력은 다른 어떤 종種보다도 훨씬 크다. 위에서 자연의 법칙과 무상함에 대해 언급하긴 했지만, 불교는 그럼에도 불구하고 자연에서 인간의 위치는 그 어떤 존재도 대신할 수 없는 특이한 것이라는 입장을 견지한다. 빠드마시리 드 실바는 인간에 대해서 다음과 같이 말한다. "인간은 인과법에 따라 도덕적, 정신적 삶은 물론 주변의 자연 세계의 형성에도 영향력을 행사할 수 있는 특권을 가지고 있다."[79]

그러나 어떻게 하면 이와 같은 인간의 특이한 위치가 자연을 지배하려는 기도企圖로 발전하는 것을 피할 수 있을까? 여기서 무상無常 등에 관한 앞에서의 논의가 자연스럽게 자애metta의 개념으로 이어진다. 자애는 불교철학 방식으로 나타난 비폭력의 한 요소이지만, 비폭력이란 단어가 연상하는 통상적 의미를 훨씬 뛰어넘는다. 자애는 네 가지 고귀한 마음가짐〔四無量心〕이라는 이름의 명상법 중 첫 번째 것이며, 평화로운 관계를 증진시키려는 의도로 충만해 있는 것이다. 나머지 세 가지는 연민, 더불어 기뻐함, 평온이다.

《숫따니빠아따》의 〈필수 자애경〉에는 다음과 같은 게송

79 빠드마시리 드 실바, 같은 책, 37쪽.

을 찾아볼 수 있다.

> 모든 중생이 행복하기를!
> 살아 있는 생물이라면 어떤 것이든
> 하나도 예외 없이, 약한 것이든 강한 것이든,
> 길든 크든 아니면 중간치든,
> 또는 짧든 미세하든 거대하든,
> 눈에 보이는 것이든 눈으로 볼 수 없는 것이든,
> 또 멀리 살든 가까이 살든,
> 태어났든 태어나려 하고 있든,
> 모든 중생이 행복하기를![80]

　따라서 이러한 비폭력의 철학은 우리 주변의 모든 것에 대한 따뜻한 애정에 뿌리를 두면서도 아무런 대가도 바라지 않는 삶의 방식으로 볼 수 있다.

----

80 냐나몰리 스님, 《*The Practice of Loving-Kindness* 자비관》(Wheel No.7 BPS 1981) 19쪽.
　〔역주〕 법륜 · 여덟《자비관》(〈고요한소리〉 2018) 10-13쪽 참조.

　이와 같이 자연에 있어서 인간의 특이한 위치를 인식함과 더불어 정신적으로 발전하면서 자연에 대한 겸손함이라는 이상이 조합을 이룰 때 비로소 인간과 자연의 조화로운 관계를 달성할 토대가 마련된다. 이로부터 사람이 자연에 복속된다든가, 아니면 사람이 자연을 지배한다든가 하는 등의 통상적인 사고방식으로부터 벗어날 여지가 생겨난다. 따라서 자연과의 상호 협력에 이르는 조화로운 관계야말로 복속이냐 지배냐 사이의 타협이 아닌 제3의 대안이다. 이처럼 자연과 서로 협력하는 태도를 모색하는 데 있어 불교철학은 중요한 영감의 원천이 될 수 있다.

제3장
불교적 환경윤리 체계의 확립이 시급하다

빠드마시리 드 실바*

> 자연에 대해 무한 책임을 지는 존재로 인간을 규정짓는 어
> 떤 윤리, 그렇게 자연에 대해 종교적 자세를 취하는 새로
> 운 형태의 윤리만이 현재와 먼 미래까지의 모든 인류의 안
> 녕을 위해 기여할 수 있으리라 나는 믿어마지 않는다.
>
> 벤틀리 클라스[81]

 윤리라는 용어는 주로 세 가지 의미로 쓰여 왔는데 이 셋
은 서로 다르면서도 매우 긴밀한 연관 관계를 가지고 있다.
 첫째, 그것은 보편적 삶의 양식 또는 방식을 뜻한다.
 둘째, 그것은 일련의 규칙들 또는 하나의 도덕적 규범을

---

* 〔역주〕 빠드마시리 드 실바Padmasiri de Silva : 스리랑카 뻬라데니
  아 대학교 철학·심리학과 교수 역임.
81 벤틀리 클라스, 〈*The Scientist: Trustee for Humanity* 과학자 :
  인류를 위한 수탁자〉《바이오사이언스 27》(1977) 277-278쪽.

일컫는 말이기도 하다.

셋째, 그것은 삶의 방식들이나 행위의 규칙들에 대한 탐구이자 선과 악, 정과 사 같은 인간의 행태를 평가하는 기본 어휘들에 대한 탐구를 의미한다.

그런데 현대사회에 들어서서는 윤리의 연구가 그 영역을 확장시키지 않으면 안 될 절실한 필요성에 직면하게 되었다. 전통적인 윤리 체계와 변화하는 사회 여건이 상충하는 문제, 즉 도덕률을 어떻게 실제 상황에 적용시킬 것인가 하는 문제가 중심과제로 떠오르게 된 것이다. 이들 실제 상황 중 일부는 매우 복합적이고 심지어 딜레마에 빠지기 쉬운 성격을 띠고 있기도 하다. 이와 같은 어려운 상황에 봉착해서 우리는 부처님으로부터 가르침을 구해볼 수 있겠다. 왜냐하면 부처님의 가르침은 위에 든 윤리의 제 측면과 새로이 부딪힐 상황에 골고루 부응하고 있는 것으로 보이기 때문이다. 우선 부처님은 다른 종교·윤리 체계들과 마찬가지로 삶의 한 방식을 제시하고 있으며 그 속에는 승속을 아우르는 도덕적 규범도 포함되어 있다. 부처님의 가르침에서 나타나는 이 삶의 방식과 행위 규칙들은 단순히 규범의 제시에서 그치지 않고 그 규범들의 기반에 대한 깊은 성찰에 뿌리를 두고 있다는 점이 특색이다. 필요에 따라서는 행위 평가 때 쓰는 용어나 개념들을 분명하게 밝히고 또 믿음을 공고히 하기 위해 다양한 방편을 쓸 때도 반드시 윤리적 맥락을 따져 논의를 전개하신다. 또 그분이 윤리적 원칙들을 특수한 상황에 어떻게 적용하고 계신지는 그 법문을 들춰 보면 얼마든지 실례를 찾아볼 수 있다.

또 부처님의 법문들에는 윤리적 원칙을 현실의 구체적 상황에 적절히 적용시킨 예들을 얼마든지 찾아볼 수 있는데 이런 면이 오늘날에 와서는 특히 빛을 발하고 있다. 왜냐하면 오늘날 윤리학은 논리나 규범적 어휘들을 규명하는 것과 같은 순정윤리학純正倫理學 meta-ethics보다는 그것을 현실에 적용하는 지혜 쪽에 더 많은 관심을 기울이고 있는데 그것이 용이치 않은 점이 난관이 되고 있기 때문이다.

오늘날 우리가 겪는 유전공학상의 여러 문제라든가 더이상 생명 연장을 원하지 않는 말기환자들에 대한 안락사 허용 문제와 같이 생물학과 의학의 새로운 발전이 우리에게 던지는 쟁점들, 그리고 자국 방어 및 핵전쟁에 대비하는 군비 증강의 문제, 또는 산발적 테러 행위를 어떤 식으로 다루어야 할 것인가 등등을 감당해 나갈 일관된 윤리적 통찰력은 그 어디에서도 찾을 수 없다. 그런데도 과학과 기술은 날로 발전하고 있으니 전통적 가치들은 이런 새로운 상황에 대응해야 할 필요성 때문에 엄청난 시련을 겪고 있다. 생태 보존에 관한 윤리적 문제점들은 위에서 예시한 문제들만큼 곤혹스럽지는 않지만 이 역시 기술적, 사회-과학적 조류가 현대 세계에 일으키는 파장에 속한다는 특성은 분명하므로 새로운 가치관을 정립하는 것으로 대처하지 않을 수 없는 문제들인 것이다.

불교가 그 어떤 분야에서보다도 적절하게 기여해 줄 수 있는 곳이 바로 이와 같은 새로운 가치관 정립의 영역일 것 같다. 우리는 이미 다른 기회에[82] 오늘날의 우려되는 상황 전반에 대한 불교의 입장을 탐구한 바 있으므로 이 짧은 글에서는 생태계의 모든 국면 중 윤리적 쟁점과 관련된 면에 대해 불교의 시각에서 성찰해 보고자 한다.

----

82 글쓴이의 《*Buddhist Ethics and Ethical Dilemmas* 불교 윤리학과 윤리적 딜레마》 참조.

생태학적 가치관과 세계관의 정립

우리에게는 지금 적절한 불교적 가치를 찾아내는 일뿐만 아니라 그러한 가치들을 통합하는 일도 절실히 필요하다. 온갖 활동 전반을 관류하면서 실제로 반향을 울려 퍼지게 할 수 있는 어떤 전체론적인 통찰력이 필요하다는 말이다.

오늘날 자연 환경과 사회 환경은 통합되어 '하나의 세계'를 이루고 있다. 환경론자들은 오늘날 지구는 과거의 그 어느 때보다도 상호 의존적인 부분들이 미묘하게 균형을 이루고 있는 체계 즉 '생태체계'가 되었다는 점을 강조한다. 만약 어떤 사람이 사회봉사나 공적인 일에는 사려 깊고 아낌없는 협조를 베풀면서도 사적인 일에서는 환경 문제 같은 것에 제대로 신경을 쓰지 않거나 오히려 파괴적 태도를 일삼는다면 그의 행동은 심각한 모순을 드러내고 있는 것이다. 자연환경에 대해 무심하다는 것은 남들이나 미래의 세대에게 큰 짐을 떠안기는 것이다.

옛날에는 사람들이 환경에 신경 쓰지 않았다. 환경은 그

냥 주어진 것으로 쓰기만 하면 되는 것처럼 생각했다. 석탄이 필요하다 싶으면 그 보물을 캐낼 땅이 대기하고 있었다. 산업폐기물을 버릴 곳을 찾을라치면 그 목적에 쓰도록 자연이 우리에게 강을 제공해 주었다. 적어도 그렇게 보였다. 그래서 자연은 아무리 써도 마르지 않고 또 항상 재생 가능한 자원이란 체계로 존재한다고 생각했다. 하지만 오늘날 우리는 자연환경에 대해 그리고 그것이 삶의 질이나 생명의 지속 기간에 미치는 영향에 대해 방대한 정보를 갖게 되었다. 우리의 대기, 수질, 음식이 어느 만큼이나 심각하게 오염되었는가, 인구 과잉이나 자연 자원의 고갈이 어느 수준에 이르렀는가, 자연 경관이 얼마나 볼썽 사나워졌는가 등등의 쟁점들이 우리로 하여금 자연환경에 대해 관심을 갖지 않을 수 없도록 결정적으로 돕고 있다.

바바라 워드는 현 상황을 이렇게 표현하고 있다. "황폐해지고 오염되고 더럽혀진 지구, 폐차와 고철로 넘쳐나는 지구는 이미 너저분하고 흉측한 정도가 아니다. 이제 지구는 인간의 요청에 무관심으로 대응한다. 최소한의 시늉조차도 보여주지 않기에 이르고 말았다. 이제 애가 타는 것은 인간 쪽이다."[83] 핵실험과 그로 인해 유발된 암 또는 방사능에 오염된 식품 간의 관계 같은 파장이 큰 쟁점들이

제기될 때마다 좋든 싫든 간에 우리 자신이 자연 세계에 얼마나 깊이 박혀 있는 존재인지 문득문득 깨닫게 된다.

자연환경의 오염이 자연 질서에 인간이 개입한 탓이었다면 자연환경의 개선도 인간이 다시 개입함으로써, 특히 이 시대를 더불어 같이 살고 있는 동반 중생들과 미래의 수많은 세대들에 대해 지금까지 볼 수 없었던 '새로운 책임감'으로 행하는 인간의 개입에 의해 가능할 일이 아닐까. 생태계의 현황을 불교적 관점에서 판단하려할 경우 자신이 지니고 있는 자아의식부터 비판하지 않고는 근본적 대책이 설 수 없다.[84] 불교적 윤리를 뒷받침 해줄 세계관을 모색한다는 것은, 달리 표현하면 사람들의 자아의식에 대해 비판을 가하는 것이라고 할 수 있겠다.

---

83 바바라 워드, 《*The Home of Man* 인간의 고향》(런던, 1976) 99쪽.
84 〔역주〕불교는 무아의 사상을 기저로 삼고 있어서 자연 역시 그러한 눈으로 본다(諸行無常). 자아를 고집하는 가치관으로는 인간-자연의 조화로운 관계설정이 기본적으로 불가능하다는 것이 불교의 입장이다. 그러나 여기서는 그런 본질적 접근에까지는 나아가지 않더라도 불자건 비불자건 우선 자신이 얼마나 자연에 대해 자기중심적, 자기 본위적 행위자인지를 검토 반성하는 일이 선행되지 않고는 자연에 대해 논의할 자격이 없다는 점을 강조하고 있다.

만약 자연이 단지 우리의 욕심이나 탐욕의 대상일 뿐이고 그래서 우리의 획득 본능의 희생물이 되어버린다면 인간과 자연의 온건하고 비폭력적인 관계 설정 자체가 불가능해질 수밖에 없다. 슈마허는 자연을 비폭력적이고 온건한 태도로 대한다는 점에서 불교는 본질적으로 생태학적 자세를 견지하고 있다고 지적하며 경탄한 바 있다.[85] 인간이 자연계에 폭력적이고 공격적인 자세로 접근하게 된 것은, 단기적이며 가시적인 성취를 탐한 나머지 장기적으로 다음 세대에 어떠한 악영향을 끼치게 될지 고려하지 않았기 때문이다. 로드릭 내쉬[86]가 지적하듯이 우리가 적절한 환경 윤리를 지니고 있다면 '자연에 대한 유린'은 여성 유린과 동일한 차원의 혐오감을 살 일이 될 것이다. 건전한 성취동기라면 지속적인 경제 성장의 추진력으로 작용하겠지만 무절제한 욕심과 탐욕은 경제 성장면에서도 게으름과 무성의만큼이나 손실을 불러올 것이다.

----

85 E. F. 슈마허, 《*Small is Beautiful* 작은 것이 아름답다》 런던, 1973 참조.

86 〔역주〕 캘리포니아주립대학(산타바바라) 역사·환경학 교수

다른 글에서 이미 지적한 대로 불교 전통에서는 자연에 접근하는 두 가지 길을 발견할 수 있다. 하나는 동식물의 서식지를 인간 친화적으로 만듦으로써 자연 자원을 인간의 용도에도 알맞도록 관리하고 이용하는 것이며 다른 하나는 자연 질서로부터 우리가 그리는 평화와 적정의 이상을 배워 나가는 성찰적 태도이다. 이 두 가지 태도를 통합 조화시키면 자연도 살고 인간도 사는 상생의 불교적 자연관이 그려진다. 이것은 현재 행해지고 있는 자연에 대한 공격적, 지배적, 폭력적인 태도와는 물론 상반된다.[87]

이와 같은 성찰적 태도에서 솟아나는 것으로서, 환경을 보전해야겠다는 마음가짐을 공고히 해주는 흥미로운 '심미적 차원'의 영역이 있다. 불교 경전에는 수행 경지가 대단히 높은 단계에 이른 분들이 자연 경관의 아름다움을 음미하고 있는 예가 많이 실려 있다. 적어도 불자라면 자연이라는 거울을 집착 없이 바라볼 수 있어야 하며, 그렇게 평온한 마음으로 대할 때 비로소 이 거울에서 가장 심오한

---

87 빠드마시리 드 실바, 《*Value Orientation and Nation Building* 가치정립과 국가건설》(콜롬보, 1976) 37쪽.

진리들을 읽어낼 수 있게 된다. 자연의 리듬 그 자체에서, 꽃이 지고 잎이 시들며 계절이 바뀌는 데서 무상無常의 본성을 능히 경험한다.

이 모든 것은 자연에 대한 예민한 감성뿐 아니라 자연과의 공명을 드러내 보이는 일이기 때문에 중요한 의미를 띤다. 어찌 그뿐이랴. 우리가 일단 자연에 공명하는 경지에 이르면 자연히 이런 태도를 사람이나 동물에게도 확대시키게 될 것이기 때문에 그 의미의 중요성은 이루 말할 수 없다. 하지만 현실은 어떠한가. 마치 주술에라도 걸린 듯이 사람이나 동물, 수목을 대할 때 꼭 기계나 트랙터를 다루듯 무감각하게 함부로 대한다. 우리는 생명 있는 모든 것들에 대해 관대하고도 창조적인 관계를 만들어 낼 비폭력적이며 배려하는 요소, 즉 따뜻하고 관심어린 보살핌의 손길을 뻗는 법을 잊어버렸다. 그러고는 날이 갈수록 다른 사람들 그리고 동물, 자연을 마치 기계나 도구를 다루듯이 비인간적 태도로 대하는 데 익숙해지고 있다.

인간과 자연의 관계가 친화적이라면 자연은 이제 명상 수련을 위한 최적의 환경으로 인식되며 꼭 불자가 아니더라도 자연에서 그런 처소를 찾아 모두들 나서게 될 것이다. 불교 승려들은 홀로 있기를 좋아하여 자연에서 적정처를 찾아 누리고 있지 않은가. 명상을 목적으로 하는 것이 아니더라도, 단순히 정신적 위안을 찾는 사람 역시 활짝 열린, 텅 빈 그리고 고요한 숲에서 이상적 환경을 찾을 수 있을 것이다.

인간의 갖가지 요구와 세계관 정립

이상에서 본 바처럼 생태학적 쟁점들과 관련한 맥락에서 세계관을 정립할 경우에 가장 중요한 측면으로 부각되는 것이 인간과 자연의 관계가 불가분하다는 것이다. 다음으로 중요성에 있어서는 같을 수 있겠는데, 불교적 삶의 양식을 두 번째로 거론할 수 있다. 오늘날 인간의 경제적 요구가 절박한 문제들을 야기하기에 이른 것은 순전히 사람들이 검소한 생활 방식에 만족하지 못하고 다양한 종류의 재화와 서비스를 갈망하고 있기 때문이다.

그러나 불교적인 인간-자연의 관계 정립을 제대로 이루어내려면, 이런 욕망에 쫓기는 생활 방식을 지양하고 분수에 맞는 인생관, 간소함, 검약, 필수품만 갖기, 씀씀이를 줄이는 것과 같은 기본적인 '절제의 윤리'를 지켜내는 것이 중요하다. 서구에서는 인간이 기본적으로 필요로 하는 것들을 지속적으로 충족시키기 위해 어떤 삶의 양식을 선택해야 할지의 문제에는 관심이 없고, 자원의 확보와 분배에만 사회의 논의가 쏠리고 있다. 이런 태도를 벗어난 특별한 경우가 윌리엄 라이스의 《충족의 한도 *The Limits to Satisfaction*》와 슈마허의 《작은 것이 아름답다》에서 찾아진다.

UN인구 문제 연구 전문가인 살라스는 1979년 콜롬보대학의 졸업식에서 행한 특별 강연에서 다음과 같이 실제 현장에서 관찰한 바를 밝혔다.

"그렇지만 나는 가장 중요한 것은 이 나라의 국민들이 그 무엇보다 특별한 정신적 자원에 의해 축복받고 있는 점이라고 믿습니다. 그것은 바로 절제라는 윤리입니다. 가장 넓은 의미의 발전을 이룩하려면 자신의 품격을 손상하지 않는 가운데 자연 또한 손상시키지 않으면서 활동할 수 있게 하는 어떤 의식, 구체적으로 말하자면 분수를 헤아릴 줄 아는 의식이 필요합니다."[88]

---

88 R. M. 살라스, 〈Convocation Lecture 졸업식 강연〉(콜롬보대학, 1979)

　그는 인간 존재의 근저를 이루면서 좀처럼 통제할 수 없는 갈애, 그리고 그 갈애를 극복해 내려는 부처님의 시도만이 다음 세기가 필요로 하는 윤리를 마련해줄 것이라는 말로 강연을 끝맺고 있다.

　그러나 스리랑카의 지금 현실은 어떠한가. 안으로부터 솟구치는 역동적이며 열기 넘치는 발전에의 충동과 또 바깥 즉 서양으로부터 밀려오는 시장 지상주의와 풍요로운 생활 방식의 유혹이라는 강도 높은 두 압박 사이에 휩쓸리고 있다. 문제는 이러한 발전 모델을 통합시키고자 하는 시도에 뚜렷한 자아비판의 기조가 결여되어 있다는 점이다. 이것은 제3세계 국가들이 한결같이 겪고 있는 문제이며, 우리가 현대 사회의 문제에 대한 답을 찾기 위해 각기 자신의 전통 유산을 탐색할 때 이러한 현실 인식을 반드시 잊지 않고 항상 마음에 새겨 두어야 할 일이다.

　오늘날 우리는 환경이 오염되면서 받는 위협뿐 아니라 은연중에 마음이 오염되는 것에 의해서도 위협받고 있으며, 청소년들에게는 약물 중독이라는 형태로 이미 영향을 미치고 있다. 따라서 우리는 과거 어느 때보다도 환경의 오염과 마음의 오염을 같은 문제의 두 양상으로 다루어야 할 필요가 절실해졌다.

생태학과 심리학

이상과 같은 명제, 즉 자연의 오염과 마음의 오염이 동일한 문제의 두 양상이라는 명제를 우리가 받아들일 경우 '환경심리학'이 하나의 학문으로 발전하고 확립될 가능성이 있는지에 대한 탐색은 생태학자에게도 중요한 도전 과제가 될 것이다.

환경심리학은 환경윤리학과 마찬가지로 비교적 새로운 분야이긴 하지만 우리가 환경 문제에 대해 좀 더 총체적인 시각을 갖는 데 이미 도움을 주고 있으며, 특히 불교적 관점에서 그런 시각을 형성하는 데 대단히 유용하다.

환경심리학에서는 인간의 심리적인 면과 인간이 겪는 물리적 환경 간의 관련성 및 상호 연관성을 검토한다. 인간과 자연 간에 오랫동안 지속되어 왔던 조화와 균형이 신기술의 등장으로 무너져 내리고 있는 마당에 조화를 되살리려는 시도가 반드시 행해져야 할 것이다. 환경심리학 또한 그러한 시대적 요구에 부응해서 나타났다. 그럼에도 초고층빌딩이 그 내부 거주민에게 끼치는 영향이나, 금속이나 자동차 생산 과정에 종사하는 사람들에게 끼치는 영향, 공장 매연이 노동자에게 미치는 영향과 같은 쟁점들만 다룰 뿐인 매우 좁은 학문으로 환경심리학을 잘못 이해하는 경우가 가끔 있는데 이는 분명히 잘못된 것이다. 물론 이런 쟁점들도 중요하다. 그러나 환경심리학은 깊은 뜻에서 보면 인간-자연의 관계에서 좀 더 포괄적인 의미를 찾는 사람들과 관련 있는 분야이다.

"이런 뜻에서 생태학은 환경을 보전할 뿐 아니라 사회 전반의 도덕적 관습도 보존한다. 우리가 추구하는 새로운 환경론에 입각하여 인간의 정체성을 정립하면 할수록 그 것이 포용하는 범위는 단지 환경론적 면에서 사려 깊게 환경을 이용하는 선에서 그치지 않고 인간의 가치관에까지 영향을 주게 된다. 이 때 그 가치는 환경 자체를 윤리적 목표로 삼고자 하는 우리의 자발적 의지라는 형태로 구체화될 것이다. (……) '환경적 인간은 생태 체계에 관해 위기감을 느낄 뿐 아니라 자기 자신의 자아의식에 관해서도 위기의식을 느낄 수밖에 없다.'"[89]

---

89 이텔슨, 프로샨스키, 리브린 및 윙켈 편 《*An Introduction to Environmental Psychology* 환경심리학 입문》 (뉴욕, 1974) 9-10쪽.

사람은 살 곳을 찾을 때 편안함과 비바람을 피할 수 있
는지의 여부에만 관심을 쏟는 것이 아니다. 단순한 물리적
환경 이상의 창조적 무엇인가를 만들어 내고자 한다. 물리
적 공간 구조를 설계할 때 그것에 의미와 상징을 주입하여
생동감을 주고 자신의 가치관을 표현하고자 한다. 따라서
새로운 환경심리학은 환경윤리학에 대한 이러한 모색과
연계되어야 할 것이다. 에리히 프롬은 사람의 유형과 생태
학적 관점 사이의 흥미로운 관련성을 소개했다.[90] 《소유냐
존재냐》에서 그는 존재하는 양식에는 '소유 양식having
mode'과 '존재 양식being mode'의 두 가지가 있다고 말한
다. '소유 양식'은 뭐든지 내 것으로 만들어 가지려는 인간
의 기본적인 성향, 뭐든지 자기 마음대로 하고 싶어 하는
성향, 뭐든지 공격하고자 하는 성향을 표현한 것이며, 이
런 성향들이 사람을 탐욕스럽게 만들고 시기심을 불러일
으키며 폭력을 휘두르게 한다. '존재 양식'은 타인을 돌보
고 베풀고 나누고 희생을 감수하고자 하는 인간의 욕구를
표현한 것이다. '존재 양식'은 자원을 보존하고자 하는 데
반해 '소유 양식'은 생태적 재난을 초래할 수 있다. 프롬은,

---

90 에리히 프롬, 《소유냐 존재냐》(뉴욕, 1976)

몇몇 다른 종교에서도 그렇지만 특히 부처님의 가르침에서, '소유 양식'이 왜 사람으로 하여금 자연에 대해 냉담하고 무책임한 태도를 취하게 만드는지, 그리고 그 연장선에서 다른 사람들에게도 마찬가지 태도로 대하게 될 수밖에 없도록 만드는지를 찾아서 보여준다.

불교 신자는 일반적으로 탐욕은 뭐든지 가지려고 하는 삶의 방식의, 성냄은 파괴적인 삶의 방식의, 어리석음은 혼란스러운 삶의 방식의 근원이라 본다. 주변에서 흔히 볼 수 있는 관능과 쾌락을 추구하는 생활 방식이야말로 방일한 생활 태도를 초래하는 탐욕의 본 모습이며, 감관적 갈애*kāma-taṇhā*의 한 정형이다. 탐욕은 또 끝없이 뻗어 나가려는 욕망과 소유를 추구하는 태도로도 표출되는데 이는 자기 본위적 자아 추구*bhava-taṇhā*로 치닫게 마련이다. 자기 자신이나 다른 사람들, 더 나아가 자연에 대한 파괴적이고 폭력적인 태도의 근원에는 성냄이 있다. 가끔씩 무유애無有愛 *vibhava-taṇhā*로 모습을 드러내기도 한다. 그리고 어리석음의 한 예로서 그릇되고 파괴적인 소비 형태가 나타나며, 이는 욕망 충족의 끝없는 순환을 낳는다. 이렇듯 불교의 관점에서는 생태적 재난과 그 치유의 길을 심리적 근원에서 찾을 수 있으며 그 근원적 요소들은 환경 윤리에 대한 탐색과 매우 밀접한 연관선상에 있다.

생태학과 윤리

이제 우리는 이 글 도입부에서 제기했던 환경과 윤리학의 관계에 관한 원래의 문제로 돌아가야겠다. 윤리학은 선과 악, 정과 사 같은 개념의 용어들로 인간의 행동을 평가하는 일을 주 관심사로 삼는다. 따라서 윤리학 연구는 의사 결정을 좌우하는 도덕 원리라든가 핵심 가치 같은 문제들에 주로 관심을 쏟는다.

(i) '생명의 가치'라는 개념은 근래에 환경 윤리를 논할 때 중심을 차지하는 개념이다. 윤리적 사유가 진화하는 과정에서 주된 관심의 범위는 개인과 가족에서 종족, 종교, 국가 등등을 거쳐 전 인류를 포함하는 영역에까지 이르렀다. 이제 이 영역은 인간 이외의 생명 형태들 특히 동물과 자연환경에까지 확대되고 있다. 자연환경의 경우, 그 강조점은 지금까지처럼 생명을 함부로 파괴하는 쪽보다는 자기가 먹을 채소를 돌보는 시선으로 자연을 바라보면서 어

떻게 하면 자연을 분별없이 훼손하지 않게 될까, 자연환경을 오염시키지 않을 수 있을까 하는 쪽으로 옮겨갔다. 알버트 슈바이처는 인간과 그 외의 다른 모든 생명에 대한 경외의 철학을 강조한 새로운 부류의 철학자 중 한 사람이다.[91] 좀 더 최근의 철학적 저작으로 피터 싱어의 《동물 해방》[92]도 있다.

(ⅱ) 생태윤리학을 규정하는 두 번째의 주요 원칙은 상생원리이다. 생명을 지탱하는 체계가 매일 한결같이 유지 존속되는 것은 상호 의존적인 무수한 생물적 요소와 물리화학적 요소들의 기능적 상호 작용에 의해서이다. 생명의 가치가 불교의 윤리 강령에서 '핵심 가치'이듯이 상생과 상호 의존의 관념은 불교의 연기 체계와 잘 부합한다. 생명을 누리는 존재라면 이 연기 관계를 벗어나 홀로 존재하는 일은 있을 수 없으며 그 존재만이 갖는 개별적 자아 같은 것도 없다. 상생의 원리는 또한 자연과 사람 사이에 그리고

---

91 〔역주〕서양에서 환경윤리학에 대한 선구적 연구 활동은 알버트 슈바이처의 저작에서 찾아볼 수 있다. 최근에는 철학자 윌리엄 블랙스톤의 저서에서도 확인할 수 있다.

92 피터 싱어, 《*Animal Liberation* 동물 해방》(뉴욕, 1975)

사람끼리의 상호 의무라는 개념도 담고 있다.

(ⅲ) 세 번째는 인류의 지속적인 생존 및 발전에 적극 참여하는 것이다. 자연을 보존하려는 노력을 촉진할 뿐만 아니라 현재의 상황을 타개하기 위한 개선 활동을 기본 전제로 한다. 이때 요청되는 윤리적 개념은 사회 및 미래 세대에 대한 '책임'이라는 개념이며 이러한 전제는 불교의 윤리적 골격과도 맞아 떨어진다. 사람들은 환경에 해를 끼치는 활동에 참가하지 말아야 하며 생태적 교육 프로그램들을 적극 개발해야 할 것이다.

(ⅳ) 네 번째 원칙은 가치 요소들이 기술적 요소들보다 우선 되어야 한다는 것이다. 환경에 대한 관심은 다른 요소들 즉 기술, 경제, 법률, 생존 가능성에 대한 공포 등등에 못지않게 윤리적 문제이기 때문에 생태윤리학이라는 적절한 맥락에서 자리매김 되어야 한다. 환경을 보존해야 할 필요성을 생물을 보존해야 할 필요성으로 생각할 수 없을까? 기술을 자연의 불균형을 시정하는 수단으로 생각할 수 없는 것일까? 생물학은 물론 중요하다. 기술도 공해가 주는 폐해에 대처하는 데 유용할 수 있다. 그렇지만 인간

의 존엄성과 책임감에 호소하는 일을 윤리적 요청 말고 그
무엇이 대신할 수 있겠는가. 실제로 '생물-윤리학Bio-ethics'
이라는 용어는 생물학에 의해 뒷받침되는 윤리학이라는
중요한 견해를 담는 데 사용되고 있으며, 이 견해는 생태
학을 위해 유용한 정보가 될 것이다.

　이상 여러모로 분석해본 끝에 내가 도달한 결론은, 클라
스 샌델이 이 책 서문에서 썼듯이, 생태위기는 결코 기술
적으로만 다루어서 될 문제가 아니라는 사실이다.

제4장
노르웨이의 생태철학과 불교

시그문트 크발뢰이*

　1969년 노르웨이에서 생태철학 그룹이 발족했는데 나도 그 창립 멤버의 한 사람이었다. 그 이후 지금까지도 활동하고 있으므로 이 활동과 관련해서 노르웨이의 생태철학 및 생태정치학을 논해 보는 것이 나에게는 가장 손쉬운 일일 것 같다. 그렇게 하면 그동안 우리가 해온 일을 간략하게나마 살펴볼 수 있을 뿐 아니라 내가 역점을 두어온 것이 무엇이었는지도 충분히 언급할 수 있을 것 같기 때문이

---

* 〔역주〕시그문트 크발뢰이Sigmund Kvaloy : 1934~ . 노르웨이의 작가, 농민, 생태철학자, 산악인. 1958년 오슬로 대학에서 철학을 공부하였고, 아인슈타인과 세계 평화 유지에 대하여, 그리고 달라이 라마와 철학에 대해 토론한 바 있는 저자는 음악, 철학, 사회 인류학 등 여러 방면에 관심을 가진 환경 실천 운동가이다. 스무 번 이상 네팔, 부탄을 방문한 계기로 불자가 되었다. 그는 불교 철학이 세계 공동체라는 윤리적 입장과 개념을 포함하고 있고 생태계의 인과 관계는 불교의 가르침과 상통한다고 강조한다. NTNU 교수 역임.

다. 발족 당시 우리의 생각은 매우 이론에 치우친 추상적인 것이었다. 그 후 그런 생각이 점차 구체화되면서 마침내 서양의 사고방식과 불교 및 간디의 행동철학을 접목시켜보려는 시도로 영글어 갔으며 간디가 불교의 영향을 강하게 받았기 때문에 간디의 행동철학 역시 불교적으로 해석하는 것도 전혀 힘들지 않았다.

내가 이 글에서 주로 다루려는 주제는 다음의 두 가지다. 그 하나는 '시간 또는 프로세스'[93]에 대한 고찰이며, 나머지 하나는 내가 '본원적인 인간·환경 복합성'radical human/environmental complexity이라고 부르는 것에 대한 규명이다. 이 둘은 상호 관련성을 띠는 주제들이다. 둘 다 발전 과정에서 철학적 성격을 짙게 띠게 되었을 뿐 아니라 방향 면에서도 생태 정치적 활동에 중심을 두는 쪽으로 진화되어 왔기 때문이다. 그런 측면 때문에 우리는 이론과

---

93 〔역주〕 프로세스 : 이를 경과·진행.과정 등으로 옮기는 것은 매우 미진하다. 오히려 불교의 행行의 한역어 중 하나인 천류遷流로 이해할 때 가장 근접한 것이 되지 않을까 한다. 그러나 이 용어가 불교 교리에 친숙하지 않은 사람에게는 생소할 수 있으므로 '프로세스', '과정' 이 둘을 함께 쓰기로 한다.

실천을 병행하는 경향을 띠게 되었는데, 그것은 이론 면에서는 붓다에게 그리고 실천면에서는 간디의 도움을 받아왔다는 것을 의미하는 것이며, 다시 말해 당장 실천에 유용한 범위 내에서만 이론에 관심을 기울이게 되었다는 뜻도 된다. 우리는 의식적으로 이와 같은 남아시아(인도)적 태도의 영향을 적극 수용하려 했고, 또 노르웨이에도 마침 서양식의 중용적 태도와 초연함94을 정면으로 거스르는, 남아시아의 행동 철학적 태도를 취한 전례가 있었기 때문에 그러한 수용이 쉽게 이루어질 수 있었다. 그러나 수용과 실현은 또 다른 문제이다. 생각과 행동을 한 필의 단일한 천으로 짜맞춰 내려는 시도가 쉬운 일일 순 없다. 더욱이나 우리 식의 생태철학은 논리보다는 실생활을 반영해야 하기 때문에 분명한 시작도 극적인 결말도 전제할 수 없다. 따라서 노르웨이에서 현재 진행되고 있는 정신적, 물질적 활동을 소개하는 것으로 만족하고자 한다.

---

94 〔역주〕서구의 중용은 중립 지향성을 강조한 나머지 회피·불개입의 태도를 표방하는 경향이 강함을 비판한 입장. 여기서 저자는 불교의 중도의 실천성을 강조하고 있는 것으로 보임.

우리 그룹 회원들은 주로 대학 출신이었다. 그러나 생태철학 그룹의 일을 진행해 보려니 학문적 훈련을 겪지 않은 사람들과 얘기하고 그들의 말에 귀 기울이는 데 많은 시간을 보낼 필요가 있다는 사실을 금방 깨닫게 되었다. 이런 방향으로 생산적인 소통을 이루려면 '학술적으로는 채비가 되어'있지만 '현장과는 유리된' 언어 밖에 쓸 줄 모르는 우리들이 몇 해가 걸리더라도 비실용적 어투를 걷어내는 공부부터 해야 할 필요가 있었다. 그래서 나 자신부터 시각적 자료를 써서 얘기를 만화로 풀거나 불교문화에서 영감을 받은 상징물 같은 것들을 점점 더 많이 사용하게 되었다. 만약 우리가 새롭고 보편적인 패러다임을, 새로운 기본적 이해 방식을, 새로운 '실상'을 역력히 볼 수 있는 새 안경을, 서양인들이 아직도 고수하고 있는 기계적 분석적 접근 방식을 대체할 그 어떤 것을 찾고 있다면, 전 인류 공동체가 한 걸음 한 걸음 우리의 이런 노력에 동참해 올 수 있도록 원활한 의사소통 수단부터 강구하는 것이 선결 조건이 될 것이다.

그렇게 나아가는 데에는 시각적 요소가 사람들의 상상력을 끌어내고 개인적으로 경험한 상황을 되살려 내는 데

유용한 큰 역할을 할 수 있다. 그러나 그림을 사용하는 데
는 한 가지 위험이 따른다는 사실도 꼭 언급해 두지 않으
면 안 되겠다. 학술적 분위기에서는 특히 그림은 언어보다
더 보는 이를 어느 시점에 정지시켜 결국 공간에 고정시켜
버리는 경향이 강하다는 점을 염두에 두어야 한다. 앞서
시간이나 흐름 또는 프로세스가 환경 철학의 핵심 메시지
의 하나임을 강조했던 사실을 잊지 않아야 한다. '프로세
스'는 우리의 개념 형성 과정에서 새로운 패러다임을 이루
는 데 두드러진 역할을 수행하는 요소이다. 또 이처럼 시
각적 요소가 유용하다는 나의 생각은 여래*Tathāgata*[95]의
모습을 시각화하는 것을 절대적으로 금했던 초기 불교와
도 상반될 수 있다. 후대의 불화나 불상은 서양의 영향이
빚어낸 것으로 볼 수 있다. 옛 인도의 북서 간다라 지역은
그리스의 영향을 크게 받았으니까.

---

95 여래如來 : '여러 과거불이 그랬듯이 우리를 이끌어 주기 위해 오
시고 그리고 이를 다해 마친 후 열반에 드신 분.' 부처님을 지칭하는
이 오래된 호칭인 따타아가따*Tathāgata*를 여러 가지로 번역들을 하
는데 그중 몇몇은 프로세스적 관점을 강조하고 있는 것으로 나에게
는 보인다.

그러면 이제 본론을 시작하기 위해 우리가 규정했던 '생태철학자'의 정의를 우선 소개한다.〔이하에 소개된 정의와 그 주석 인용 부분은 일반 독자들에게는 너무 학술적인 문장이어서 문맥을 부드럽게 풀어나가기 위해 이를 말미(149쪽)에 싣는다. ─ 옮긴이〕

이러한 정의가 우리의 출발점이 되었다. 그것은 우리 운동을 개념적으로 규정하는 데서 그치지 않고 우리가 그때부터 계속 추진해 나간, 그래서 점진적으로 확장되는 일련의 프로그램 군群으로 발전한 행동 계획표이기도 했다. 물론 우리가 아무런 역사적 배경도 없이 백지에서부터 출발한 것은 아니었다. 유럽에서는 이런 운동을 노르웨이가 다른 어느 곳보다도 일찍 시작했다는 말이 있는데 이런 관찰은 아래의 측면을 고려하면 타당할 수 있다. 무엇보다도 노르웨이의 뒤늦은 산업화를 들 수 있겠다. 뒤늦은 산업화는 노르웨이인들이 빈둥거려서라기보다는 그 기간 동안 전 세계를 쏘다니며 다른 나라 사람들이 하고 있는 일에 감탄을 금치 못하며 배우고 다녔기 때문이며, 다시 이것이 노르웨이에서 벌어진 예상 밖의 노동 운동, 즉 소농이 절반 이상을 차지하는 색다른 노동운동과 겹쳐졌다는 점도

들 수 있다. 그래서 마침내 산업화가 도래했을 때 그것은 폭발하듯 터졌고, 따라서 많은 사람들이 한편으로는 이해하면서도 한편으로는 불안어린 시선으로 사태를 받아들였다. 이 모두가 내 생애 중에 일어난 일이다. 나는 산골 농장에서 자랐고, 그곳의 풍습은 중세시대와 별반 다를 바가 없었다. 그러다 스물두 살 때 나는 노르웨이 공군에서 제트 전투기의 전기 설비 기술 병사로 복무하고 있었다.

생태철학 그룹 설립 이후로 신구 문화의 충돌과 그 끝없는 상호 의존적 영향에 대한 관심이 점점 커졌고, 그 관심은 많은 프로젝트를 탄생시켰다. 예를 들면, 히말라야의 셰르파족과의 교류도 그 하나다. 셰르파족이며 불자인 나의 친구 따시 짱보는 그 프로젝트의 일환으로 노르웨이에 있는 나의 농장을 현재 방문하고 있다. 우리는 농사도 짓고 가축도 몰고 다니는 셰르파족의 반 유목민 생활과 노르웨이의 그와 유사한 전통을 비교해 보고 있다. 두 전통은 인간적으로 그리고 사회적으로 생기가 넘친다는 면에서 대단히 유사하며, 내가 사는 작은 산골 공동체가 노르웨이의 수도 오슬로보다 따시가 사는 마을과 오히려 비슷한 점이 훨씬 더 많다는 것을 우리는 발견해 나가고 있다.

이런 상황은 공업화와 상업화가 아직은 노르웨이 사회를 균등하게 획일화시키는 데까지는 이르지 않았다는 사실을 입증한다. 오히려 공업화와 상업화는 노르웨이 사회를 전혀 다른 두 개의 사회로 가르는 높고 단단한 장벽을 세웠을 뿐이다. 게다가 생태 정치적 활동, '녹색 행동주의' 및 그와 유사한 운동들로 인해 이 장벽은 더 높아지게 되었고 우리가 활동을 처음 시작한 15년 전보다 더 뚜렷해졌다. 또한 불교를 믿는 히말라야 지방과 노르웨이를 비교하면서 한 가지 더 알게 된 것이 있다. 이 장벽은 노르웨이에 국한된 것이 아니라 전 지구적으로 나타나고 있는 현상이며, 제3세계와 우리들의 사회를 여타 산업화된 세계로부터 갈라놓고 있다는 사실이다. 노르웨이의 산악 지역 소농들은 전 세계의 '녹색 인디언'과 더불어, 산업-경쟁주의적인 '핏기 없는 얼굴'96 세력을 상대로 항쟁하고 있다. 현대 유럽형의 위기 상황에서, 우리는 실제로 눈을 남아시아

---

96 내가 여기서 녹색 인디언green Indians이라고 표현한 것은 아메리카 인디언들을 가리키는 것으로, 그들이 북미와 유럽의 녹색운동에 주요한 영감을 주는 존재가 된 것을 강조하기 위해 이 말을 썼다. '핏기 없는 얼굴'은 북아메리카의 인디언이 '백인' 유럽 침입자들에게 붙여준 이름이다.

로 돌려 그들의 '진리 실험'에서 도움을 찾고 있다. 이는 전 세계가 산업화되고 있는 한편 그와 병행해서 공통된 통합적 대응으로서 녹색운동의 세계화도 진행되고 있음을 보여준다.

　많은 노르웨이인들은 학교에서 또는 대중 매체를 통해서 다음과 같이 배운다. 산업화 이전의 '자연 상태 그대로'였던 노르웨이에서는 아이들은 놀 틈도 없이 나날이 판에 박힌 지루한 일을 억지로 강요당하는 무미건조한 환경 속에 살지 않으면 안 되었던 반면, 지금 우리가 누리고 있는 산업사회는 다양한 기회를 제공하는 복합적 사회라는 것이다. 하지만 자세히 들여다보면 현실은 그와는 정반대이며 이런 사실을 알려주는 일이 현재 노르웨이의 생태철학, 생태정치학 프로젝트의 중요한 과업중의 하나가 되고 있다.

　나는 가끔 노르웨이의 한 전형적인 피오르 해안의 풍경을 담은 두 폭의 그림(그림 1), 곧 온건 산업화 시기와 공업 주도 사회의 그림을 통해 이러한 변천 과정을 설명하기도 한다. 첫 번째 그림은, 산업화를 그런대로 조절할 수 있었던 시기, 즉 1930~1950년대의 온건 산업화 시기의 그림

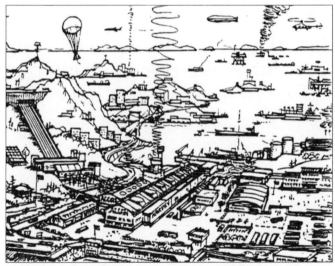

그림 1 예전(위)과 지금(아래)의 노르웨이의 풍경

이다. 나는 이 그림이 나타내는 사회를 '생활필수품 사회 Life Necessities Society, LNS'라 부르는데, 이것은 산업 사회의 범주 중 하위로 분류되는 집단에 속하는 어느 정도 근대화된 사회를 대표한다. 이에 반해 두 번째 그림은 '공업 주도의 성장이 이루어내는 사회'97(공업형 성장 사회 Industrial Growth Society, IGS)'를 상징한다.

이 그림에 그려진 여러 가지 소재 중에서 신식의 거대한 통합 학교와 그 옆에 늘어선 통학 버스군群은 특히 눈여겨볼만하다. 이 상황은 오늘날 세계 어디서나 벌어지고 있는 현상이다. 또한 이것은 그림과 같은 공업형 성장 사회에서는 결국 인간적 활동이 끊어지고, 궁극적으로 이러한 사회는 사람들마저 사라진 텅 빈 공동체가 되고 말 것이라는 점을 즉각적으로 시사해 준다. 노르웨이에서 보는 것과 같은 이 전형적인 산업화의 모습에서 또 한 가지 우리가 알아차릴 수 있는 것은 천연의 하천 체계가 오로지 공업용수

---

97 〔역주〕영어 industry는 산업과 공업 둘 다 의미한다. 그러나 우리 말에서는 좀 더 선명하게 갈려 산업은 광의로 공업은 협의로 이해된다. 본문에서는 산업이라는 용어를 주로 쓰되 경우에 따라 공업으로 옮기기도 했다.

로 전락하여 세계시장의 전력 소모형 상품 생산 활동에 봉
사하는 결과를 낳았다는 점이다. 이러한 방식으로 노르웨
이의 경제는 세계 시장에 의존하게 되고, 그 결과 내부 경
제는 더욱 취약해지며, 마침내 경제적 민주주의까지 상실
하게 된다는 것을 암시한다. 직업은 전문화되고 무미건조
해진다. 자립성의 상실은 자기의 존재 의미의 상실로 직결
된다. 주말에 디즈니랜드에서 기분 전환 한다고 해서 이러
한 상실이 보상되지는 않는다.

우리는 두어 해 동안 이런 저런 논의를 나눈 끝에 1969
년에 이상과 같은 의견으로 일단락 짓기에 이르렀다. 그
해 여름에 생태철학 그룹을 조직하고 나서 바로 생태철학
그룹의 모든 회원들은 생태정치 단체 중 어느 하나에라도
가입해야 한다고 결정했으며, 이를 매우 진지하게 실천해
왔다. 우리는 인간을 인간답게 만드는 데 꼭 필요한 활력
소인 산 지혜가 솟아나는 가장 중요한 원천은, 세미나실이
나 정치 집회장이 아니라 '사회적 갈등의 한가운데서 진리
파지眞理把持(사탸그라하)**98** 운동을 통해, 폭력에 의하지 않

---

98 〔역주〕 사탸그라하Satyagraha : 산스크리트어로 satya는 진리,
graha는 붙듦을 뜻한다. 한역으로는 진리파지眞理把持. 간디가 독

는 진리 추구의 노력을 벌이는 가운데서' 얻게 된다고 얘기하는 간디를 읽었다. 여기서 '진리'에 대해 논란을 시작할 생각은 없다. 하지만 이미 대부분의, 아니 어쩌면 이책의 모든 독자들은 간디를, 또 그가 '진리'란 단어를 어떤 뜻으로 쓰고 있는지도 알고 있을 것이다. 간디의 (그리고 바가밧 기타에 나오는)99 '무아행無我行의 규범Norm of selfless action'과 그에 상응하는 불교의 가르침도 우리에게 특히 중요한 의미를 띠게 되었다. 그 가르침은 불교 경전 전편을 관류하여 다양하게 표현되고 있다. 그와 같은 규범을 이해하고 실천하려는 노력이 점진적으로 우리에게 힘을 주었으며, 그렇게 하지 않았다면 우리가 그런 힘을 얻지 못하고 말았을 것이라는 점을 분명히 말할 수 있다.

우리는 또한 불교의 '무 집착'과 '출가 생활'에 대해 알게 되었고, 그로부터 영감을 얻었다. 우리는 무턱대고 산이나

립운동의 방법으로 제창한 비폭력 불복종 운동.

99 〔역주〕 바가밧 기타Bhagabad Gita : 힌두교에서 3대 경전의 하나로 여기는 중요 경전. 지존자至尊者의 노래라는 뜻으로, 고대 인도의 대서사시 《마하바라타》에 실려 있으며 철학적·종교적인 700구의 시로 이뤄져 있다.

들을 돌아다니기를 좋아하는 터라 그것이 2500년이라는 긴 세월 동안 지지를 받았다는 것을 알게 된 것은 당연히 즐거운 일이었다. 그 오래전에도 부처님은 "번뇌로 가득 찬 가정적 삶은 나를 짓눌렀다. 가정에서는 충만하고, 청정하며, 정화된 정신적 생활을 하는 것이 어렵지만, 한적한 자연에서는 그런 생활이 가능하다."(《중부》)고 말씀하고 있지 않은가. 그래서 우리도 생각했다. "탁 트인 야외와 야생의 자연을 사랑하는 이 마음을 살리자. 산으로 올라가자! 거기서 정치를 하자!"

이것이 우리가 철학적으로 사색하는 것과 더불어 정치적으로 실천하는 한편, 실제로 자연 '속에서' 자연을 위해 투쟁하기로 결정을 내리게 된 배경의 한 부분을 이루고 있다. 실제로 우리의 생태철학의 많은 부분이 산과 숲, 들판, 바닷가, 시골 마을 그리고 도시의 길 위에서 벌인 직접적이고 비폭력적인 활동 기간 중에 개념화된 것들이다. 그 기간 내내 우리는 강과 옥토, 어장, 야외 유치원 등등을 공업화 일변도의 무분별한 맹공격으로부터 보호하기 위해 애쓰고 있었다. 그리고 우리가 단지 항의하는 데서 멈추지 않고 간디 식의 적극적이고 건설적인 활동들, 즉 경쟁적인 산업적 성장이 낳은 붕괴된 국가 대신에 우리가 원하는 사회가 어떤 사회인지를 그 대안으로 분명히 제시할 수 있는 활동들을 현장에서 벌일 수 있었던 캠페인들이 우리가 벌인 수많은 캠페인 중에서 가장 성공적이었다는 사실이 판명되었다.

　무엇보다도 《바가밧 기타》의 자아를 버린 '무아행의 규범'이 우리의 나아갈 길을 비쳐주는 샛별이었다. 그 규범은 말한다. "행동하라, 하되 행동의 결과를 탐하여 행동하지는 말라!" 이 말은 다음 생에 천국에 태어나는 데 도움되는 일에 집착하여 마지않는 서구인들에게는 말도 안 되는 헛소리로 들릴 수밖에 없겠지만 하나하나 활동을 해나가면 나갈수록 우리는 이 가르침이 모든 것의 핵심이라는 것을 깨닫게 되었다. 이 규범에는 개인이 자신의 노고의 결실을 거두는 것보다는 거기에 도달하기까지의 '여정'이 중요하다는 메시지가 담겨 있다. 또한 여정에 끝이 있다는 생각도 환상임을 알려준다. 가장 심오한 차원에서, 불교는 그 여정을 힘겹게 걸어가는 '우리 자신'까지도 환상이라고 가르친다. 이러한 생각을 받아들인다는 것은 '목적 달성을 위한 수단'이라는 서양의 상식적 관행에 견주어 볼 때 생활 방식에서의 완전한 방향 전환을 의미한다. 뿐만 아니라 우리는 이 규범을 따르면서 기대 밖의 놀라운 경험을 하게 되었다.— 불사신! 이는 상대가 우리를 어떻게도 걸고넘어 질 수 없다는 놀라운 경험이었다. 4차선 도로 공사에 유치 원을 빼앗기고 석유 시추에 어장을 잃기도 했지만 우리는 결코 좌절하지 않았고 활동을 멈추지 않았다. 활동을 해냈 다는 것, 그것이 바로 우리의 성공이었다. 그것도 전심전 력을 다한 활동을! 그러자 서서히 정치인들과 더 다양한 계층의 대중이 우리 활동을 이해하기 시작했다.

이 일을 통해 우리는 적어도 불교의 무아無我의 가르침, 즉 한 개아個我에 의한 '결실 거둠'이라는 발상 자체가 이기 적 욕망taṇhā 갈애의 표출에 불과하며, 도덕적 측면에서도 떳떳치 못한 것이 될 뿐 아니라 실상에 대한 오해를 드러 내는 것이라는 가르침의 실제적 위력을 입증하기 시작한 셈이다. 실상은 '프로세스'이며 이 점 생태학적 시계視界가 가져다주는 논리적 귀결이라는 것은 이미 충분히 입증되 고 있다. 이것에 기초하는 생활 방식이야말로 불사신의 그 것이 아닐 수 없으니 이런 생활 방식은 자신도 모르는 가 운데 적대자를 속수무책이게 만들어 버리니까! 마침내 우 리 활동의 최종 성과들이 나타나기 시작했다. 환경을 대하

는 노르웨이인들의 태도와 관행에 실질적 변화를 가져온
것이다. 그 결과 최근에 새로운 법이 의회에서 통과되기도
했다. 이만한 성과가 있었으니 도중에 겪은 얼마간 손실은
감수할 수밖에 없겠다. 이런 식으로 우리는 현대 서양에서
실제 문제를 놓고 동양을 시험한 셈이며, 알고 보니 간디
는 두 세계의 자식이었다. 그렇기 때문에 우리는 서방의
자원들이 고갈되어 버린 이 치명적인 시대에 간디를 가교
로 해서 불교와 기타 동방의 여러 자원, 값을 매길 수 없
을 만큼 귀중한 자원에의 접근을 비현실적 방법이 아닌 가
장 현실적인 방법으로 이룰 수 있다는 것이 증명되었다.

　생태철학 활동의 중심영역은 바로 공업형 성장 사회에
대한 분석이며 이것은 우리가 이제까지 활동하면서 잊지
않으려 했던 출발점이기도 하다. 우리의 모형이 된 것은
대개 피라미드형 구조(그림 2)였으며, 그것의 정점에는 공
업형 성장 사회의 네 가지 기본 원칙이 있다.

(1) IGS는 '공산품 및 서비스의 가속적인 생산 확장'(그리고
이것은 그 사회가 번번이 성공을 거두게 된 비결이기도 하다)과 '공
업적 방식을 활용'하는 쪽으로 자동적으로 굴러가는 경향

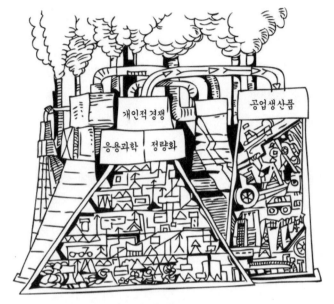

그림 2 공업형 성장 사회(IGS)

이 있다. 즉 규격화된 대량 생산, 소수에의 집중, 도시화된 중심부, 전문가에 의한 공업적 방식의 전면적 실시이다.

(2) 공업형 성장 사회는 '개인적 경쟁'을 기반으로 삼고 있으며 이 경쟁은 인력 노동 전반에 빠짐없이 적용된다.

(3) 공업형 성장 사회의 확장 수단은 '응용과학'이다.

(4) 문제점을 측정, 분석, 대응하는 공업형 성장 사회의 주요 도구는 '정량定量화'이다.

이 네 가지 원칙은 언제나 상호 의존적이며, 역사적으로도 그렇게 진전되어왔다. 그 하나하나가 작동하다 보면 서로 다른 원칙들을 더욱 강화시키게 된다. 서양사회가 아직은 이 네 원칙에 의해 '완벽하게' 지배되고 있지는 않지만 (그 단계에 결코 도달할 수 없으며, 만일 그 단계에 도달한다면 사회는 생존할 수 없다) 그쪽을 향해 나아가고 있으며, 실제로 각종의 양陽 피드백100을 총동원하고 있다. (그렇게 해서 자신의 결함을 고쳐보려 애쓰지만 더 깊은 새로운 결함들을 추가하고만 있을 따름이다) 그런 식의 발전이 가능하려면 첫째로, 이 지구의 자원이 무한할 것, 둘째로, 인간 사회와 자연 세계가 기계처럼 돌아가 줄 것, 이 두 가지 조건의 충족을 전제로 한다. 두 가지 가정은 다 받아들이기 어렵다 ─ 누구든지 그것을 억지라고 생각할 것이 틀림없다. 그렇다면 나는 지금 어떤 사회에 대해서 말하고 있는 것일까? 그것은 한낱 자기 파괴적인, 사회라는 형태의 유기체가 아닐까?

---

100 〔역주〕 양 피드백Positive Feedback : '되먹임'이라 번역되는 피드백은 한 체계에서 입력된 것의 결과물인 산출이 되돌아가 그 체계를 조정하는 과정을 말함.
양 혹은 적극적 되먹임은 입력을 더욱 증가시키는 과정으로, 반응의 증폭을 통해 체계를 변화시키는 데 기여한다. 이에 반해 음 혹은 소극적 되먹임은 변화를 억제, 체제의 평형유지에 기여한다.

지금 우리의 논점인 오늘날의 '전 지구적인 사회-생태적 위기'는 현재 작동 중인 공업형 성장 사회가 빚어낸 직접적이고 불가피한 결과다. 다시 말해 위에서 서술한 모델을 지향할 수밖에 없는 특성을 가진 사회 체계가 빚는 필연적 소산인 것이다. 모든 공업형 성장 사회의 관리자들은 아래위 할 것 없이 사회를 마치 기계인 양, 복합체가 아닌 한낱 '복잡체'인 양, 그래서 단원성單元性의 논리적 수리적 개체들과 그러한 작동 방식으로 환원시킬 수 있는 구조물인 양 다루고 운영하려 든다. 사회의 질이 어떻다든지 사회를 혁신하겠다든지 하는 것은 안중에도 없으며 기계의 작동을 되돌리듯 어떤 개발도 원리적으로는 원상 복구가 가능하다고 생각하는 것이다.

노르웨이의 생태철학계에서는 '복합'이라는 단어를 다소 특수한 의미로 쓰고 있는데, 기계 작동과 대비되는 것으로 볼 때의 자연적, 사회적 과정을 지칭한다. 기계와 달리 이 과정은 되돌릴 수 없는 것이고 질적인 것이며 변증법적인 것이어서 점진적 또는 예측 불가능한 도약이란 형태로 혁신을 가져온다. 그리고 그러한 과정이 낳는 발전의 소산들은 율동적 정연성을 띠거나(이 율동적이라는 개념 역시 항류성

homeorhetic[101]의 생존 프로세스를 다루는 데 있어 중요한 개념이다), 가끔 나타나듯이 혼돈스러운 모습을 띠기도 하는데, 하여튼 그 모양새야 어떻든 간에 두 경우 모두 의외성으로 우리를 놀라게 만드는 점에서는 차이가 없다. 그래서 복합성이란 말은 복잡성과 대비되는 한 쌍의 개념으로 우리에게 받아들여지게 되었다. 즉 '복잡성complication' 대 '복합성complexity'인 것이다. 이 용어에 근거하여 보면 IGS는 복잡성이 사회 전반에 퍼져나가 복합성을 밀어내고 있는 동안에만 번성한다는 특성을 지니고 있다. (물론 이때 IGS는 조직 체계만 가리키는 것이지 그 구성인까지 포함하지는 않는다)

중앙 집권화된 사회 조직으로 본 공업형 성장 사회(IGS)라는 피라미드의 최 상층부는 어떤 기계 설비의 제어실과 비교할 수 있다. 그곳은 기계를 작동하고 멈추며 그밖에도 모든 기능을 조종할 수 있는 단 하나의 장소이다. 그와 같은 단 하나의 제어 센터를 가지는 것이 기계의 특성인 데 반해서 '살아있는 유기적' 생명 프로세스에는 이러한 제어 장치가 여러 개라고 볼 수 있고, 또 아예 없다고도 볼 수

---

101 〔역주〕주 120 참조.

있다. 생명체 전체가 그 자체로 제어 장치가 되는 것이다.
그런데도 각종 기능이 수행되고 있는 점을 규명하기 위해
굳이 제어 장치를 '찾아'본다면, 단 하나의 제어 장치가 있
어 모든 것을 통제하는 것이 아니라 여러 개일 것이며, 또
이들 각각의 제어 장치는 서로 대립 관계에 있을 수도 있
다. 한 기계 안에 제각각 노는 제어 장치들이 있다면, 설
사 그것이 아무리 자체 제어 기능이 발달된 컴퓨터일지라
도 무용지물이 되고 말 것이다. 그 기계는 신뢰를 받을 수
없으며 심지어 자기 파괴적인 것이다. 왜냐하면 기계는 모
든 작동 과정에서 엄격히 그리고 한쪽 방향으로만 분화分
化하는 것이며 유기체처럼 (자율적이며) 질적으로 전개되는
성질이 전적으로 결여되어 있기 때문이다. 반면 유기적인
프로세스는 가지각색의 불확실성과 대립의 바탕 위에서
'번성'하는 것이며, 심지어 그것은 지속적인 존립을 위해서
꼭 '필요'한 것이다.

　　모든 것을 정량화하고 복잡한 통제 기구를 두는 것이 공
업형 성장 사회의 특징인데, 이는 다른 말로 하면 모든 시
간 과정을 공간 변수로 환원시키는 공간화의 체계라 할 수
있다. 여기서 잠깐 앙리 베르그송[102]에 대해서 언급하고자

한다. 유럽 학계에서 *그*가 기여한 바는 가히 독보적이라 할만하다. 노르웨이의 생태철학그룹은 주로 간디와 불교에서 주요 사상을 배웠지만, 베르그송은 유럽의 공간 중심적 철학에 오랫동안 가려 있었기 때문에 우리는 최근에야 그가 생태철학과 관련이 있음을 알게 되었다. 우리는 그를 유럽 최초의 생태철학자로 명명하고 싶다.

하지만 거대한 역사 문화적 흐름의 갈래 속에서 보면, 불교는 세계에서 가장 철저하고 근본적인 '과정 철학'[103]사

---

102 〔역주〕앙리-루이 베르그송Henri-Louis Bergson : 1859 ~1941. 프랑스의 철학자. 인간의 생명을 중요시해서 '生生철학자'라고 불리며, 그의 철학을 창조적 진화의 철학이라고도 부른다. 현재라는 의식 속에는 과거나 미래도 모두 포함되어 있으며, 모든 것이 변하는 현재의 시간이야말로 우주의 가장 본질적인 것이라고 주장하였다. 인간과 사회에 대해서 '시간', '변화', '운동'에 중점을 두고 재해석함으로써, 무려 이천 년간 지속되던 하나의 환상인 '정지'를 '운동'으로 바꾸어 이후의 철학적 담론의 틀에 변화를 가져왔다. 또한 이것을 기반으로 인식론의 주제가 '공간'에서 '시간'으로, 생명현상의 파악 과정에서는 그 근거가 '양'에서 '질'로 바뀌었다. 이후의 철학 사조들, 예를 들어 화이트헤드나 들뢰즈의 철학의 사상적 기원이 되고 있다는 평가를 받는다.

103 〔역주〕과정 철학process philosophy : 앞의 역주 99에서 밝혔듯이 불교의 행行이라는 개념으로 설명할 수 있겠다. 행은 천류遷流로 풀이되기도 한다.

상이다. 현대 생태학이나 신 물리학에 이르러서야 과정적
사고가 나타났다는 점을 생각해 보면, 2500년이나 된 불
교에 과정적 사고의 뿌리가 이미 있었다는 것은 놀라울 따
름이다. 화이트헤드104 역시 여기에서 언급해 두어야 한
다. (윌리엄 제임스105, 그리고 제임스 조이스106 역시 언급해 둘
만한 인물들이다) 최근 추세를 따른다면, 조만간 베르그송과
화이트헤드의 업적이 널리 인정되고, 불교와 연관되어 재

104 〔역주〕 알프레드 화이트헤드Alfred North Whitehead : 1861~1947.
영국 출신의 수학자, 철학자. 러셀과 공저로 수학적 논리학에 관한 기초
적 저작 《*Principia Mathematica* 수학의 원리》(1910~1913)를 펴냈다.
그는 20세기 초 신 물리학의 영향을 받아, 자연을 '과정process'으로 이해
하고, 이것을 '경험'이라고 규정했다. 우주를 구성하는 최종적 사물을
'현실적 존재' 또는 '현실적 계기actual occasion'라는 개념으로 파악하
고, '현실적 존재'는 그 자신의 환경세계-실재 속에 놓여 있으면서, 그
것에 의해 한정되고 또 자신을 한정하는 '과정process'으로 보고 있다.
105 〔역주〕 윌리엄 제임스William James : 1842~1910. 미국의 철학
자·심리학자. 프래그머티즘 철학의 확립자로 알려져 있다. 철학·종교
학·심리학 등에 뛰어난 연구를 많이 남겼다. '의식의 흐름Stream of
Consciousness'이라는 용어를 처음 사용하였으며 빌헬름 분트와 함
께 근대 심리학의 창시자로 일컬어지고 있다.
106 〔역주〕 제임스 조이스James Joyce : 1882~1941. 아일랜드 출신
의 작가. 자신의 삶과 비슷한 내용을 다룬 《젊은 날의 예술가의 초
상》에서 '의식의 흐름' 기법을 도입, 큰 효과를 거두었으며, 이후 《율
리시스》에서도 '의식의 흐름' 기법을 추구하였다.

론될 것이라고 생각한다. 이전에는 일반적으로 서양 철학
자들이 동양 사상에 대해 무지한 편이었다. 심지어 불교철
학자들마저도 불교의 과정 철학적 면모에 관해서는 1920
년대 표도르 셰르바츠키[107]와 로젠버그의 저술들이 나오
기 전까지는 분명하게 인식하지 못하는 형편이었다. 이제
비로소 불교와 서양의 과정 철학을 접목할 때가 되었다.

공업형 성장 사회를 분석한 결과, 우리는 이 사회 체계
는 불과 몇 십 년도 살아남을 수 없는 시스템이라고 결론
내렸다. 이 체계는 자원 고갈을 가속화하고 전 지구적으로
전개되는 복합성을 점점 더 단순화시키고 규격으로 통일
시킴으로써만 존재하고 번영할 수 있다는 그 자체의 특성
때문에 이 체계의 작동 방식을 개선하는 것은 불가능하다.
이런 이유로 우리는 시작한 지 몇 년도 안 되어 공업형 성
장 사회를 사회-생태적 관점에서 건전한 궤도에 올려놓겠
다는 목적을 포기했다. 그 대신 우리는 가능한 한 많은 사

---

107 〔역주〕 표도르 셰르바츠키F. TH. Stcherbatsky : 1866~1942.
러시아의 불교 학자이자 인도철학자. 산스크리트어와 티베트어 등
여러 언어에 능통했다. 저서로는 《*Buddhism*》 등이 있다.

람들로 하여금 그 기저부터 한 걸음 한 걸음 붕괴되고 있
는 현 사회 체계를 대신할 활력 있는 사회를 위한 기반을
시도해 보도록 설득하는 데 우리의 활동력을 기울이기 시
작했다. 그렇지만 공업형 성장 문명이 지금까지 인류에게
가장 효과적인 교사 노릇을 수행했다는 점은 인정해야 한
다고 믿는다. 그런 점에서 우리는 그것을 순전히 부정적인
것으로 간주하지 않기로 했다. 그것은 인간이 무엇인지를,
그리고 인간의 가능성과 한계성을 극단적으로 대조해 보
여주고 있다. 공업형 성장 문명은 똑같이 표준화된 방법에
의해 범지구적으로 모든 문화를 공략하기 때문에 우리에
게 상호 중첩된 다양한 미래의 전망을 열어준다. 아마도
그중에서 가장 심층 수준에서는 시간의 공간화[108]로 이 사

---

108 〔역주〕 보통 사물이나 사상은 양적인 것과 질적인 것으로 이루어
져 있다. 이러한 양과 질을 설명하고 또 이것을 대표하는 것으로 시
간과 공간을 든다. 공간은 양적으로 측정이 가능하며 계산도 가능하
다. 반면 시간은 공간처럼 쉽게 이해될 수 있는 개념이 아니다. 베르
그송에 의하면 우리가 흔히 시간이라고 생각하는 시계로 재는 시간
은 시간의 공간화에 불과한 것으로 진정한 의미의 시간이 아니다.
물리학적으로 측정가능한 시간은 순수한 의식의 흐름으로서의 시간
이 아니라 단순히 시계 자판 위에 공간적으로 표현된 시간일 뿐이다.
공간화한 가짜 시간이라고 할 수 있다.
　시간은 자연처럼 동일한 리듬을 따라 흘러가는 것일 뿐이다. 음악

회가 어느 정도까지 극심한 혼돈에 빠지게 되는지 확인할
수 있는 궁극의 실험을 보여줄 것이다.

  이제 나는 우리가 가지고 있는 시간 개념에 대해 좀 더
분명히 밝혀보고자 한다. 물론 나도 남들처럼 '신 물리학'
과 현대 우주론에서 많은 영감을 얻고 있지만 현재 이 주
제가 생태 정치에 관한 것인 만큼 나의 관심도 지금은 당
연히 초미시적 또는 초거시적 영역보다는 그 중간의 영역
즉 인간생활과 관련되는 영역에 더 많이 둘 수밖에 없다.
이제 우리는 어떤 사회가 앞서 얘기한 의미에서의 시간에
주로 기반을 둔 것인지, 그리고 그와 반대로 우리 서양의
문화는 어떻게 강력한 공간 편향성을 드러내고 있는지에
관해 좀 더 구체적으로 살펴보기로 하자. 히말라야 산맥

의 멜로디가 분할될 수 없는 지속적인 흐름이듯이 시간 역시 지속이
다. 원시 부족이나 인디언들에게 시간은 담을 수 없는 것처럼 아낄
수도 아껴 쓴다는 것도 생각할 수 없는 것이다. 그들에게 더구나 정
해진 시간동안 어떤 행동을 동일하게 반복한다는 것은 이해할 수 없
는 일이었을 것이다. 여기서 시계의 등장은 시간의 공간화에 지대한
역할을 하게 된다. 이제 집에서 쉬거나 노는 자유로운 활동조차 그
에 할당된 특정한 공간에서 주어진 시간에 맞추어 시작하고 끝내야
한다. 그것은 삶의 방식의 기반 자체를 공간으로 만들어버리는 것이
다. (이진경, 《노마디즘 2》 657~658쪽 참조)

속에 있는 네팔의 셰르파 마을을 예로 들어보자. 서양인들은 이 마을을 지나가며 "어머, 너무 원시적이네!" 또는 "여기서 뭐 배울 게 있겠어?" 같은 말을 할지도 모른다.

전통적인 셰르파 가옥을 보자.(그림 3) 거기엔 똑바른 직선 하나 없고, 직각 또한 없으며, 벽도 일정하게 매끈한 것은 찾아볼 수 없다. 똑같이 생긴 집도 없다. 하지만 어느 집이든 필요한 요소를 다 갖추고 있어서 안정감이 있다. 이런 가옥들에 대해서 그리고 어째서 그 가옥들에게는 완성이라는 것이 있을 것 같지 않은지 곰곰이 생각해 보고 오늘의 유럽식 건축물과 비교해 본 결과, 나는 이런 집 짓는 문화에다 '건축'이라는 단어를 쓰는 자체부터가 적합하지 않다고 결론지었다. '건축'이라는 단어를 쓰면 원래 그 집을 지은 사람들은 알지조차 못하는 낯선 개념 틀에서 그 집을 평가하게 되어, 그들의 의도와 목적을 읽을 수 없게 된다. 그 대신 그들이 '집과 더불어 사는' 습관적인 방식 또는 집이 어떻게 살림살이의 일부가 되어버리는지를 얘기하는 것이 더 적합할 것이다.

이 지역 사람들의 사고방식의 준거 체계를 아는 데 도움

그림 3 침략군 : '공간주의자들'

을 줄 수 있는 서양식 방법이 있다. 셰르파 가옥 앞에 카메라를 두고 하루에 사진을 한 장씩 찍기를 50년 동안 계속한다. 그리고 나서 영화처럼 사진을 이어서 본다. 이렇게 보면 거기에 드러나는 집은 결코 고정된 건물이 아니다. 오히려 유동하는 아메바의 형태에다 기능마저도 이래저래 변하고 있어 그걸 보고 있으면 '구조물'이라 부를 엄두가 나지 않는다. 벽의 돌들이 움직이고, 지붕을 덮은 널빤지가 끊임없이 이리저리 옮겨지기도 하고, 집에 새로운 부분이 생기기도 하고 없어지기도 하며, 벽에는 지의류〔石花〕가 자라고, 지붕에는 작은 나무가 자라는가 하면, 남서쪽 벽에는 또 다른 식물이 벽을 타고 자라고 있고, 낮에는 길짐승이, 밤이면 들짐승이 들락거리고, 아이들과 어른들도 마찬가지로 드나든다(밤에는 히말라야 설인雪人이라도 들락거리지 않을까?). 우리가 보고 있는 것은 리듬이 있고, 유기적이며, 살아 있고, 맥박이 뛰면서 지속되는 무엇인가이다. 거기서는 시간이 창조되고 있는 것이다. 시간 안에서 무엇이 일어나고 있다고 생각하지 말라. 그런 식으로 생각하고 있으면 공간화 시키는 사고의 틀 속에 도로 갇히고 만다. 건축물이 아닌 이런 '집'을 셰르파가 살 듯 그렇게 더불어 산다면 우리도 시간의 일부인 것이다.

미학적 입장에서 그 건물이 아름다운가 그렇지 않은가
는 방금 우리가 목도한 것 같은 동적 효과를 관찰한 다음
에 판단되어야 할 문제이고 그 움직임의 일부가 되어 판단
한다면 더 좋을 것이다. 그러기 위해서는 마을에 묵어야
할 뿐 아니라 셰르파들과 함께 일도 해야 한다. 미학적 관
심을 인간의 다른 관심사와 분리할 수 없듯이, 셰르파의
집은 그 집의 많은 기능적 측면과 분리할 수 없다. 그 기
능적 측면은 셰르파의 생활과 히말라야 자연이 한데 어우
러진 복합통일성을 지니고 있다. 세상 모든 것과 마찬가지
로 일시적일 수밖에 없는 집 역시 그것을 지었고 '매일 그
집을 지어가고' 있는 사람들의 외연이다. 이런 사회에 똑
떨어지게 들어맞는 준거 모형이 될 수 있는 것은 바로 불
교에서 보는 '과정 패러다임'이다. 오늘날의 셰르파족을 돕
는 길도 이 준거들에 따라 그 전통을 강화해 나가는 길에
서 찾아져야 한다. 그러한 틀 속에서의 '현대화'라면 지금
벌어지고 있는 현대화처럼 그들의 정체성을 훼손하는 것
이 아니라 그들의 정체성을 강화시키는 것이 될 것이다.

요컨대 우리는 두 문화권의 집짓기 전통을 통해서 서로
다른 두 세계의 패러다임을 보고 있는 것이다. 그런 가운

데 나는 셰르파족에서 발견했던 과정적 특성이 노르웨이
의 오래된 산골 농장에도 있음을 알게 되었다. '그리스'적
인 전통이 그 특유의 기술면에서의 성공을 기화로 언젠가
부터 노르웨이의 도시들을 석권하기에 이르긴 했지만 먼
시골지방에는 실질적 영향을 주지 못한 채 피상적인 영향
을 주는 데 그치고 만 것이다. 이처럼 뜻밖의 우군들이 전
세계 도처에서 국제적인 '녹색' '과정' 운동을 지원하기 위
해 기다리고 있다. 물론 나는 건축물이나 기술에 국한해서
이야기 하는 것이 아니다. 총체적 인생관에 대해 말하는
것이다. 그렇다고 역사를 되돌리자는 것도 아니다. 흐름·
천류遷流라는 것은 어차피 되돌려지지 않는 것이다.

　나는 이러한 시간에 중점을 두는 존재론, 윤리학, 미학
을 한마디로 '양陽 부식 철학'109이라고 부른다. 부식이 쉽

109 〔역주〕 양陽 부식decay이란 부식현상을 긍정적으로 대하는 태도
　를 가리키고자 한 말일 것이다. 제행무상.생자필멸의 법칙에 따라 만
　물은 변화하며 이는 부식 프로세스를 밟는다는 뜻이 된다. 그것을
　일종의 양 피드백(역주 106 참조) 과정인 것이며 그로 인한 변화는
　자연의 순리를 따르는 것이다. 그러나 서양문화의 공간주의(역주
　114 참조)에서는 음 피드백을 밟음으로써 변화를 억제하게 되며 이
　는 자연을 거역하는 데 따른 모순의 누적 심화를 초래한다. 우리가

없이 계속된다는 것을 매일매일 상기시켜주는 세상에서, 지속적 성장을 이루어 내자면 꺾이지 않는 인간의 창의력이 필요하다. 이런 관점에서 다시 상징으로서 건축물을 살펴보자. 집을 짓는다고 하면서 설계는 건축가에게 맡기고, 잠시 살다가 하자가 생겼다고 또 다른 사람에게 수리를 맡기고, 그러다가 훌쩍 딴 곳으로 옮겨 가버릴 수가 있는가! 이런 방식이야말로 자기 육신을 버리고 떠나는 것과 무엇이 다른가.

나는 5년 동안 오슬로 건축 대학에서 인간 생태학과 환경 철학의 특별 연구원을 지냈다. 그 때 나는 건축가들과 위의 주제에 대하여 유익한 의견 교환을 했으며, 건축가 네 명과 함께 네팔에 다녀온 적도 있다. 우리는 현대식 서양 가옥을 '종이 건물'이라고 부르기 시작했다. 서양 가옥은 설계자가 새하얀 종이에 자를 대고 긋는 가는 선에서 시작되는 것을 가리키는 것이었다. 가령 부주의한 설계자

서양사에서 자주 목도하게 되는 소위 혁명에 의한 변화가 그 귀결일 것이다. 혁명은 자연스럽지 못하다는 점에서 고苦의 절정을 이룬다고 볼 수밖에 없다.

가 나처럼 파이프 담배를 피우는 사람이라 실수로 막 완성한 설계도에 담뱃진 밴 손가락 자국이라도 남기는 날이면 그 설계도는 그 순간 모든 가치를 잃고 쓰레기통에 버려진다. 어찌 설계도뿐이랴. 완성된 집 자체도 마찬가지다. 매끈한 벽에 조그만 균열이라도 비치는 날이면 그 건물을 갑자기 흉물처럼 보게 된다. '시간의 이빨'을 견뎌낼 수 없는 부실한 건물로 낙인찍어 버린다. 그 갈라진 틈을 한두 주일 안에 때우지 않고 방치해 둔다면 사람들은 건물 주인의 경제력에 뭔가 문제가 있다고 생각할 것이다. 그 소유주가 회사든 시당국이든 또는 그 누구든 상관없이.

그러나 셰르파족 가옥은 틈이 갈라지게끔 되어 있다! 그것은 서양식 종이 건물이 아니다. 물론 지금 벽이 갈라지는 집에서 사는 것의 장점을 말하려 하는 게 아니다. 다만 요즘 말투로 불교의 세계관과 생활양식을 서양의 것에 대비시키고자 하는 것이다. 서양 사회는 단연 개별적 자아와 영속성에 대한 집착을 그 기반으로 삼고 있다. 따라서 현대 서양 사회의 강력함은 불교의 언어로 표현하자면, 허상 위에 세워진 것이며, 결국 그것은 반드시 자멸할 수밖에 없다. 그에 반해 다른 비서양적인 문화권에서 불교적 태도를 쉽게 발견할 수 있다. 그 문화들에서는 불교철학이 지구상의 상황 전반을 명확히 설명해 주는 도구로, 또 서양의 파괴성에 대항하는 공동 노력을 이끌어 내는 열쇠로 훌륭히 기능한다.

부와 권력이 소수에게 집중되어 있는 모든 피라미드형 사회는 단명했고, 견고하고 불변하는 것을 추구하는 광범위한 노력들은 예외 없이 대규모 참화를 낳았다. 우리 인간은 본성 자체가 흐르는 강물 속의 소용돌이 같은 존재인데 서양사회는 이런 인간을 억지로 원자화된 개인으로 만들어 지도라는 공간 위에 붙박여 살도록 강요하고 있으니 그러한 심리적 사회적 모순이 어떻게 서양사회를 안에서부터 좀 먹지 않을 수 있겠는가! 불교에서 말하는 둑카 *dukkha*苦가 무엇인지, 그리고 그것이 어떻게 만연되는지를 오늘날의 서양 사회처럼 잘 보여 주는 곳도 없다.

나는 동양과 서양이 서로 점점 더 멀어져가고 있는 건 아닐까 생각하곤 한다. 그리고 그 시작은 그리스 철학자들이 영속성과 완벽성을 실재의 표인標印110으로 여기고 그것을 자신들의 철학의 기반으로 삼은 데서 비롯된 것이 아

닐까. '모든 것은 흐른다panta rhei.'[111]고 말했던 헤라클레
이토스는, 그리스 철학의 주류와는 반대 방향으로 흘러갈
가능성을 제시한 대표적 철학자이지만 그의 학설은 결실
을 맺는 데까지는 이르지 못했다. 또 후대의 유럽 철학이
나 종교에도 이렇다 할 영향을 끼칠 수 없었으니, 기술적
경제적 성장에 기반을 마련해 주지 않는 철학이 무슨 소용
이 있었으랴!

세계를 수리數理화, 공간화, 개별화하는 일은 물질적 성
공으로 더욱 공고해졌다. 그래서 마침내 오늘날 서양인이
브라흐마[梵天]와의 합일[梵我一如]이라는 힌두교 정신이나,
그보다 훨씬 더 근본적이라 할 수 있는, 일체를 공空으로
귀착시키는 불교 사상에 다리를 놓아 건너보는 것은 거의

----

110 〔역주〕 영어로는 marks인데 여기서 불교의 법인法印에 대응하는
    말로 보고 표인標印이라 옮김.
111 〔역주〕 만물은 유전한다[萬物 流轉 panta rhei] : 헤라클레이토
    스는 부동 유일의 유有를 주장한 엘레아학파와는 달리 현상의 끊임
    없는 변전變轉에 주목하였다. 그는 《단편斷片》 91에서 그 유명한
    "같은 강물에 두 번 들어갈 수는 없다"는 말을 하였다고 하며 끊임없
    이 움직이며 고정적으로 존재하지 않는 불[火]을 변천하는 이 세상
    의 상징으로 보았다.

불가능할 지경에 이르렀다고 나는 생각한다.

어떤 측면에서 불교는 서양과 정반대 방향으로 발전했다. 불교라고 하는 종교·문화적 거목에서 수세기에 걸쳐 성장하고 성숙한 다양한 분파들은, 서로 간에 활기차면서도 관대한 자세를 견지하는 가운데 대화를 통해 수많은 철학적 관점을 내어 놓았다. 내가 서양 쪽에서 불교라는 거목을 바라보면서 놀라움을 금치 못하는 점은 이러한 다변화에도 불구하고 그 모두를 관통하는 근본적인 통일성이 유지되고 있으며, 그들이 한결같이 서양철학을 특징짓는 공간화·개인화의 경향을 띠고 있지 않다는 점이다. 이러한 모습이 모두 '과정 사고'를 순화하고 철저하게 하려는 시도로 볼 수도 있겠다. 동양과 서양의 사고방식의 차이가 얼마나 큰지를 보여주는 한 가지 예로 일부 대승불교 분파에서 발전된 보살*Bodhisattva*112이라는 이상 상을 들 수 있

---

112 [역주] 대승에서의 보살은 중생 구제를 위한 보살로 전개되어 위로는 보리를 구하고 아래로는 중생을 교화한다. 특히 먼저 타인을 제도한다고 하는 이타행으로서의 보살행이 강조되고 있다. '깨달음을 구하고 있는 유정', 또는 '깨달았지만 (중생제도를 위해) 아직은 중생세계에 머물고 있는 사람' 등의 해석도 있다. 한편 빠알리 경전(《중부》 4경, 26경 등)과 주석서에서 보살은 완전한 깨달음을 향하고 있

겠다. 거기서는 열반에 들어 시간의 흐름을 종식시키겠다
는 목적은 일단 제쳐놓고 깨달음을 이룬 보살이 갈등과 고
통이 있는 곳으로 되돌아간다고 설정되어 있다. 왜냐하면
아직 열반에 들지 않은 보살은 아我가 있는 개아이기 때문
에 복합체인 시간을 피한다는 것은 환상에 불과하기 때문
이다. 이것이 붓다의 근본적 직관에서 일탈되는지 여부는
논란의 여지가 있는지 모르겠지만, 어쨌든 개인인 채로 시
간을 벗어나는 일이 가능하다고 보는 서양의 기독교 및 과
학적 접근 방식과는 전혀 동떨어진 사고방식을 보여주는
좋은 예가 될 것이다. 보살의 이상은 자기 존재의 영속과
집착을 완벽하게 뿌리 뽑는 쪽으로 나아가는 구극의 논리
적 행보를 보여주는 대표적 예라 할 수 있겠다.

   붓다가 자아를 해체한 결과 우리는 오온으로 남게 되었
다. 색·수·상·행·식色受想行識이라는 '존재의 요소'들이
기능적으로 통합된 것이 오온이다. 합성품 인간론과 전일
全一적 인간론의 중간 입장에서는 현대의 유기 시스템 이

   는 존재를 일컫는다. 부처님도 대각을 이루기 전의 자신을 보살이라
부르고 있고 또 그분의 전생을 이야기할 때도 보살이라 칭한다.

론113이 오늘날 우리에게 계층적으로 질서 지어진 다중층 모양의 시스템 추구형 유기-존재체 같은 것을 생각해 보도록 권하고 있다. 다시 헤겔과 마르크스는 한걸음 더 나아가 변증법적 혁파라는 발상을 제시했다.

이처럼 다양한 생각들을 서로 연결시켜 보려는 시도로서 인간은 서양의 인류학이나 심리학이 상상했던 범위를 넘어서는 또 다른 층의 '복합성'을 잠재한 채 태어나는 것이 아닌가하는 생각을 나는 감히 해보게 되었다. 그것은 한낱 인간흐름person-stream 또는 인성personality을 넘어서는 성장 잠재력을 갖추고 있는 또 다른 층이다. 지면 관계로 인간흐름 또는 인성에 대한 개념규정은 생략하고 다

---

113 [역주] 시스템 이론 : 시스템이란 사전에 결정된 공통적 목적이나 목표를 달성하기 위해 하나 이상의 구성요소가 상호 기능적으로 관련된 요소elements들의 결합이라 정의할 수 있다. 즉 전체를 구성하는 상호 관련된 부분들의 집합을 말한다. 다시 말해 시스템이란 여러 개의 독립된 구성인자가 고유의 기능을 가지며, 전체 목표를 달성하기 위해 상호 유기적으로 결합되어 있는 집합체로서 특정한 목적을 위하여 설계된 상호작용하는 부품의 집합을 말하는 것이다. 즉, 두 개 이상의 객체가 연합하여 객체 상호간의 논리적 연관성을 가지고 특정목적을 수행하는 유기체를 말한다. 시스템의 구성요소는 첫째, 전체와 둘째, 이를 구성하고 있는 부분, 셋째, 부분들 사이 및 부분들과 개체와의 상호연관성이다.

만 용어만 사용하겠다. 위에서 언급한 나의 '또 다른 층의 복합성론'은 단순히 한 사람이 여러 가지 역할을 하는 것을 말하고자 하는 것은 아니다. 만약 여러분이 생애 동안에 하나 이상의 여러 독특한 환경에 적응하고 융화되어야만 할 기회를 겪게 될 경우 여러분은 그 여러 환경 각각에 상응하는 독특한 인격을 개발할 수 있는 타고난 능력을 발휘하게 될 것이다. 각각의 경우 '당신의' ─ 다면 인성체多面 人性体인 당신의 ─ 시스템 추구 성향이 작동하고 있는 셈이다.

인간 고유의 이 역량이 공업형 성장 사회 같은 피라미드형 사회에서는 제대로 피어나도록 허용되질 않는다. 왜냐하면 그러한 사회는 큰 피라미드와 동일구조의 작은 인간 피라미드를 토대로써 필요로 하기 때문이다. 이런 사회에서는 다시 한 번 낡은 기계적 우주모델을 꺼내들게 된다. 이런 시스템으로 이뤄진 구조물을 통제하는 확정된 통제실(피라미드 맨 꼭대기)이 필요하게 되고, 그리고 그처럼 완벽한 구조를 효율적으로 감시·작동할 수 있기 위해서는, 한 예로 진행이 잘못될 경우 이를 되돌릴 수 있기 위해서는, 더 이상 쪼갤 수 없고 단단한 건축용 벽돌들 혹은 원자들(다시 말해 가장 기본이 되는 단위체들)이 필요 하게 된다.
그러나 자연에서 일어나는 과정들은 절대로 되돌릴 수 없
으니 그들은 실제로 피라미드형이 아니기 때문이다. 이런
지극히 상식적인 합리성마저도 결별해야 할 필요성을 우
리는 공업형 성장 사회의 억압적 성격이 발휘될 때마다 강
요받게 된다. 그러나 바로 이 지점이 신 물리학과 천문학
의 초극미 및 초극대의 영역과 나의 중간 영역이 접합되는
곳이며, 불교의 개념과 불교 개념에 관한 현대의 다양한
해석들이 잘 조화를 이루며 활력을 띠게 되는 곳이다. 여
기는 공통되는 개념의 형식이 발견되는 곳이며 서로 공유
할 수 있는 영감의 이륙離陸점인 것이다.

　지금까지 이 짧은 글이 여러분에게 제대로 전달되었다
면 여러분은 또한 개개인의 인간 프로세스가 여러 상이한
장場에서 동시에 활약할 수 있다는 점을 수용까지는 않더
라도 이해할 태세는 되었을 것이다. '나 자신'을 예로 들면,
'나'는 지금 농장의 집에서 활동하고 있는 또 다른 '인격'을
가지고 있다. 왜냐하면 '인격'은 몸뚱이에 묶이는 것이 아
니기 때문이다. 나의, 혹은 존재론 상에서의 '인격'은 활동
을 통해, 그리고 사람들이나 자연 및 주변 풍경과의 친밀

한 상호 작용을 통해 그 윤곽을 드러내는 것이다. 동일한 맥락에서 '인격'은 죽음에 의해서 한정될 수도 없다. 여기가 이러한 나의 생각들이 다시 불교와 만나게 되는 접점이 된다.

최근에 우리의 자연 보호 캠페인에 참여한 몇몇 젊은이들의 반응을 언급하면서 이 글을 마무리하고자 한다. 이 운동은, '나는 곧 자연이고, 인류의 미래가 나의 미래이다.'라는 참가자들의 자발적 인식에 기반한 의미 있는 축제가 되었기 때문에 앞에서 언급한 의미에서 볼 때 건설적인 캠페인이었다. 이 젊은이들은 나중에 나에게 와서 난생 처음 자신이 의미 있는 존재라고 느꼈다고 고백했다. 처음에는 이것이 현대 서양 사회가 젊은이들에게 권하는 통상적 존재 인식을 드러내는 말이라고 생각했다. 그러나 좀 더 깊이 생각해보니 그들이 의미 있는 그 어떤 것을 견뎌낸 것 같은 느낌을 가지게 된 것은 자신의 에고(자아의식)의 중요성을 적극적으로 방기한 데서 생겨난 것이라는 확신이 들었다. 그 후로 계속 내 마음속에 자라난 생각은 이 캠페인이, 그 방법론 면에서 드디어 나름대로 편안하고 유연하면서도 지속성 있는 '중도middle way'의 형태를 찾아냈다는 점에서 많은 참가자들에게 현대 서구적 양식의 불교 통찰 명상의 역할을 하지 않았나 하는 생각이 점점 더 커지기 시작했다. 결국 이런 의미에서의 명상이라면 구도자를 깨달음 즉 열반으로 이끌 어떤 구극의 방법이라도 활용하지 못하란 법이 있겠는가.

이전에 우리가 시도한 여러 캠페인에서와 마찬가지로 이 캠페인도 우리가 봉착한 현 상황에 가장 적절히 부합되는 동양의 두 지혜의 원천 즉 불교의 에고로부터 헤어나는 길〔팔정도八正道〕과 바가밧 기타의 행동주의라는 아주 편안하게 서로 결합되는 두 원천으로부터 결정적으로 영향을 받았다. 우리는 빠르게 성장하는 국제적 공동체의 실천적 활동가의 일원일 뿐이며, 이 공동체는 위의 두 가지 원천으로부터 영감을 받아 녹색 세계를 만들기 위해 고군분투하고 있다. 그러나 지난 15년 동안의 경험에서 나는 이런 실천적 투쟁을 통해 그토록 찾아다녔던 '새로운 패러다임', 즉 유연하고, 창의적이며, 무한한 생명의 패러다임이 결국에는 만들어지리라는 것을 확신한다.

*   *   *

〔여기서부터는 앞의 111쪽에서 애기하던 생태철학자에 대한 정의와 그에 대한 주석이다. — 옮긴이〕

먼저 16년 전의 우리는 지금보다 훨씬 더 학술적 집단이었음을 고려해 주길 바란다. 그때 우리가 내린 생태철학자의 정의부터 소개하자면 생태철학자는 다음 네 가지를 추구하되 이 네 가지 추구 목표의 상호 연관성을 결코 망각하지 않는 사람이다.

(A) 범지구적 생태사회 체계와 그 국지적 하부 체계에 대한 그리고 다양한 심도에서 이러한 체계와 복합적 통합체를 구성하는 역동적 존재로서의 인간 및 인간 집단에 대한 연구. 여기서 인간은 물질 및 에너지와 상호 작용 중인 자율적이며 육안으로 분별 가능한 크기의 생물로 이해하며, 프로세스, 커뮤니케이션 및 구조적 변화 등 제 관계 면에 특별히 주의를 집중한다.

(B) 이 연구를 행함에 있어 상호 의존성의 전체망과 생명 프로세스의 역동성을 포착 통합하는 데 최대한 의식적 노력을 경주하기 위해 인간의 모든 기능, 즉 지성, 감성, 느낌, 직감과 실제의 경험을 활용하고자 한다. 그럼으로써 이들 통찰력과 감수성을 다른 무엇보다도 다음의 사항들을 향해 발휘될 수 있도록 만든다.

(C) 당면 문제와 관련되는 과학적, 기술적, 경제-정치적인 견해들과 제도들, 그리고 이들을 떠받치고 있는 가정假定들과 이들이 인간의 태도 및 활동에 끼치는 영향 또 이에 더하여 이들의 자연 및 인간 사회와의 관계에 대하여 비판적으로 평가한다.

(D) 또한 이러한 평가를 근거로 인간 활동에 적절한 가치, 전략, 규범 체계를 수립한다. 이때 생명프로세스의 안정적이면서 역동적인 상태 또는 '항류성homeorhesis'[114]을 강화하는 동시에 이 과정의 '유기적 복합성organic complexity'의 지속적 증진을 겨냥한다. 또한 항류성을 약화시키거나 유기적 복합성의 증진을 방해할 경향이 있는 가치와 규범, 절차에 대해서는 비판체계를 수립한다.

이 정의에 우리는 주석을 달았는데 그 일부만 여기에 인

---

[114] 영국 유전학자인 C. H. 워딩턴Waddington이 만든 이 '항류성恒流性homeorhesis'이라는 개념은 '프로세스'의 관점을 취하는 우리의 생태철학에 더 적합하다. 항류적homeorhetic 시스템은 고정된 시간 궤도 주위를 맴돌지 않는다. 이전 상태로 돌아가지도 않는다. '균형의 중심'조차도 움직이면서 항상 변하고 있다. 항류성은 '창의적'이면서도 정연하다. 이에 반해 'homeostasis항상성恒常性'은 체계system의 균형을 고정된 시간 궤도 주위에 둔다.

용하겠다.

여기서 생태철학을 얘기할 때 그것은 전통적 의미에서의 하나의 학문 분야가 아닌 그 이상의 어떤 것을 마음속에 그리면서 하는 말이다. 어떤 총체적 연대성의 영역 같은 것이어야 한다는 생각이다. 왜냐하면 오늘날 생태 환경 및 인간 사회의 생명력을 위협하고 있는 공격이 광범위한 것인 만큼 생태철학도 거기에 맞춰 넓게 범위를 잡아나가도록 노력하지 않을 수 없다. 또 넓이뿐만 아니라 깊이의 면에서 볼 때 생태철학은 임의로 선택된 것이 아니라 하나의 필연성으로 대두된 행동 방식이자 사고 방향이다. 그것은 우리가 현재 이 세계에서 몸으로 경험하고 있는 것처럼 지금까지의 유럽-미국식 문명의 기저를 이루는 사고방식을 깊은 차원에서 수정하지 않을 수 없도록 강요하고 있는 총체적 체제 위기에 의해 촉발된 대응책인 것이다. 이런 비상 국면에 처한 이상 우리는 가치중립적이며 순전히 두뇌에 의존하는 저 아카데믹한 전통의 한계성에서 당분간만이라도 탈출하지 않으면 안 된다.

제5장
자연에 대한 불교적 인식 프로젝트

낸시 내쉬

> 세계는 점점 더 좁아지고 있고 점점 더 서로 의존하고 있
> 다. 오늘날 과거 어느 때보다 생명이란 서로에 대해 갖는
> '보편적 책임'으로 특징지어져야 한다. 그것은 단지 국가
> 대 국가, 인간 대 인간의 관계에서 뿐만 아니라 인간 대 다
> 른 생명체와의 관계에서도 그러하다.
>
> 달라이 라마

자연환경에 관한 관심, 태도, 행동을 증진시키기 위해 만들어진 '자연에 대한 불교적 인식Buddhist Perception of Nature 프로젝트'는 1979년 달라이 라마와의 인터뷰 과정에서 언급된 위와 같은 발언에서 비롯되었으며, 또한 가장 선도적인 세계적 불교 지도자인 그분에게서 매순간 영감을 얻고 지지를 받으며 성장해왔다.

우리의 작업은 이 자연계와 그 안의 모든 생명들에 대한 인간의 책임을 강조하는 불교의 가르침을 연구하고, 수집 정리하여 교육 도구로서 활용하는 일들을 포함한다. 불교 문학과 예술에서 우리가 얻는 교훈 중 많은 것이 2500년을 거슬러 올라가는 것들인데도 예나 지금이나 줄곧 생생한 생명력을 발휘해 왔고 현대 사회 속에서도 다양하게 새로운 형태로 살아있다. 사실 우리가 환경 교육이라는 새 지평을 여는 데 불교를 길잡이 프로젝트로 선택한 것도 그것이 모든 생명에 대한 지혜와 자비라는 주제를 강력히 구현하는, 오래되었으면서도 미래성이 창창한 철학이기 때문이다.

그뿐만 아니라 신앙 체계로서도 불교는 위기에 처한 희귀 동식물 종들과 서식지를 많이 포용하고 있는 아시아 여러 지역에서 종교적 영향력을 행사하고 있으며, 일부 야생 동식물과 그들의 위협 받고 있는 서식지를 구하는 데 직접적이고 유익한 효과를 실증하고 있다.

그러나 이상의 보존 효과는 대체적으로 소극적 보호의 결과로 간주될 수 있다. 예를 들어 사원의 경내에 사는 동물들은 불자들의 신심이라는 자동적 금역 구도를 누리고 있는 셈이다. 가령 태국의 경우, 숲속 사원에 사는 승려들이 지켜야 하는 계율이 너무나 엄격하므로 동물들의 거주지역도 자연히 잘 보호되게 된다. 티베트도, 누구나 이구동성으로 얘기하듯, 1950년 중국이 점령하여 문화를 파괴하기 이전만 해도 사람과 야생동물들이 기막히게 조화를 이루며 함께 살아왔다고 한다.

그러나 오늘날 당면하고 있는 환경 위기는 우리의 적극적 도움을 필요로 하고 있기에, 전 세계의 5억 명으로 추산되는 불자들이 적극적 보호주의자가 된다면 대단히 의미 있고 분명한 효과를 발할 것이다.

인간에 초점을 맞춘다 해서 정신적 문화적 가치에 치중한 나머지 과학의 역할을 무시한다는 얘기가 아니다. 과학은 그 자체가 인간의 문화적 영역의 일부이다. 우리의 프로젝트는 과학이 필수적이라는 사실을 인정한다. 먼저 작업상의 우선순위를 정하고 교육받은 지도자들과 결정권자들을 설득하는 데 과학이 필요하다. 다음으로, 지구에 대한 무지와 탐욕, 존중심의 결여가 빚은 현재의 생태학적

대실책들을 고쳐 바로잡는 데에 최고 수준의 과학적 두뇌
들의 도움이 요청된다.

날로 상승하는 인구수와 생활수준의 기대치 그리고 소
비 수준 등이 점증적으로 압박을 가해옴으로써, 생명을 지
탱하는 지구의 능력의 증대가 가장 절실히 요청되는 이 시
점에 오히려 그러한 능력이 뚜렷이 감소되고 있다는 점을
확실히 지적하고 증명해 주어야 할 첫 번째 전문가들이 바
로 객관적인 과학자들이다.

그러나 과학은 지구 상황의 윤곽만을 보여줄 뿐이다. 당
면한 문제점들을 지금, 또 미래에 걸쳐 지구상의 생명들을
이롭게 만들어 주는 방향에서 다루려면 개인적인 가치와
사회적 가치를 고양시키는 길뿐이라고 많은 사람들이 느
끼고 있으며, 종교와 문화적 전통 속에는 이러한 인간의
제반 가치에 대한 인식이 담겨 있다.

이런 종류의 프로젝트에서 탁월한 지식이 중요하다는
점은 아무리 강조해도 지나치지 않을 정도인데 다행히도
이 작업은 시작 단계부터 명성 높은 연구 기관들의 지도

아래 연구 방향 등 기초 조사가 이루어졌고 훌륭한 학자들
에 의해 연구가 진행되어 왔다.

환경 보존에 대한 전 세계적 관심 덕분에 이 프로젝트는
시작 단계에서부터 중요 관심사로 부각될 수 있었다. 처음
에는 주로 불교도들 사이에서 그러했지만 곧이어 다른 종
교와 문화 전통까지 포함하는 유사 프로젝트 연구 및 성취
를 위해 얼마든지 응용할 수 있는 청사진으로서 관심을 끌
게 되었다.

'자연에 대한 불교적 인식 프로젝트'는 불교건 어떤 종교
건, 관설·사설을 불문한 모든 단체들에게 연구 활용용으
로 쓰이길 바라는 마음에서 프로젝트 디자인의 샘플들과
교육 자료들을 공급하는 일을 목표로 하고 있다. 이 일에
동참하는 우리 모두는 이 프로젝트가 오늘날 생태 문제에
대한 실행 가능한 대책일 뿐 아니라 환경윤리의 부흥이라
는 절실한 요구의 일환이기도 하다는 점을 깨닫고, 세계
각지에서 또 각 종교와 문화 전통의 개인과 단체들이 지금
까지 보여준 관심에 감동 받고 고무되고 있다.

The Buddhist Perception of Nature Project 연락처

낸시 내쉬Nancy Nash

104 Welsby Court, 80 Macdonnell Road, Hong Kong

Tel: (852) 2523 3464

E-mail:nancyleenash@gmail.com

환경 보호에 관한 윤리적 접근

달라이 라마*

  지금 우리 인간들이 인도주의적 가치들을 등한히 한 채 함부로 행동하는 탓에, 지구상에서 인간이 평화를, 그리고 모든 생명체가 생존을 누려야 한다는 이 당연한 일이 위기에 처하게 됐습니다.

  무엇보다도 먼저 자연과 천연자원이 파괴되고 있는데 이는 지구상에 살고 있는 것들에 대한 인간의 무지와 탐욕 그리고 존중심의 결여에서 비롯되고 있습니다.

  이 존중심의 결여는 인류 후손들에 대한 존중심의 결여

---

* 〔역주〕 달라이 라마Dalai Lama : 1935~ . 티베트 제14대 달라이 라마. 현재 티베트 망명정부가 있는 인도의 다람살라에 거주하면서 티베트인들의 종교적, 정신적 지도자로서 티베트 독립을 위하여 노력하는 한편 세계 곳곳을 두루 다니며 자비와 평화의 메시지를 전하고 있다. 1989년 노벨 평화상 수상.

로까지 확장되는 문제입니다. 미래의 세대들이 끔찍하게 황폐해진 지구를 상속받게 될 테니까요. 만일 세계 평화가 조속히 실현되지 못하고 자연환경의 파괴가 지금과 같은 속도로 계속 된다면 말이지요.

돌이켜 보면 옛 사람들은 이 지구가 풍요하여 한없이 베풀어 준다고 보았고, 실제로 그랬습니다. 과거엔 많은 사람들이 자연 또한 아무리 써도 한결같이 그대로 유지될 것으로 생각했습니다. 그렇지만 지금 자연이 그렇게 유지되려면 우리가 자연을 돌보지 않으면 안 된다는 것을 알게 되었습니다.

무지에서 비롯되었던 과거의 자연 파괴는 그런대로 용인해 줄 수 있다고 칩시다. 그러나 지금 우리는 과거에 비해 훨씬 많은 지식과 정보를 접하고 있는 만큼 더 이상 무지를 핑계로 댈 수 없습니다. 이제 우리는 무엇을 우리가 상속 받았으며, 무엇을 우리가 책임져야 하며, 무엇을 우리가 다음 세대에게 넘겨줄 것인지 윤리적으로 재검토해야 하는 중요한 과업을 떠맡게 되었습니다.

분명히 지금 우리 세대는 추축樞軸의 세대, 즉 미래의 향
방을 좌우할 결정적인 위치에 있는 세대라 아니 할 수 없
습니다. 범지구적 소통도 가능해졌습니다. 그럼에도 평화
를 위한 의미 있는 대화보다는 대결이 더 자주 벌어지고
있습니다.

우리가 과학과 기술에서 기적을 이루어내고 있다고 하
지만, 작금의 수많은 비극에 견주어 보면 그 이루어낸
기적이 그리 중대한 의미를 가지지 않습니다. 세계 여러
지역에서 벌어지고 있는 인간의 기아 현상과 다른 생명
종들의 멸종 사태가 그 비극의 한 부분이라고 할 수 있
습니다.

한 편에선 외계 공간을 탐험하고 있는가 하면 다른 한
편에선 지구 자체의 대양과 근해들 그리고 청정수역들이
점점 더 걷잡을 수 없이 오염되어 가고 있는데 아직도 그
속에 사는 생명 종 대부분에 대해 아는 것이 별로 없거나
알려진 것들도 거의 잘못 이해되고 있는 실정입니다.

오늘날 우리가 아주 희귀한 것으로 알고 있는 지구상의

서식지, 동물, 식물, 곤충, 나아가 미세 유기체들까지, 미래 세대는 그 존재를 전혀 알지 못하게 될 것입니다.

지금 우리에게는 책임이 있고 능력도 있습니다. 너무 늦기 전에 우리는 행동해야 합니다.

〈고요한소리〉는

·   근본불교 대장경인 빠알리 경전을 우리말로 옮기는 불
사를 감당하고자 발원한 모임으로, 먼저 스리랑카의 불자출판협
회BPS에서 간행한 훌륭한 불서 및 논문들을 국내에 번역 소개하
고 있습니다.

·   이 작은 책자는 근본불교.불교철학·심리학·수행법 등
실생활과 연관된 다양한 분야의 문제를 다루는 연간물連刊物입
니다. 이 책들은 실천불교의 진수로서, 불법을 가깝게 하려는
분이나 좀 더 깊이 수행해보고자 하는 분에게 많은 도움이 될
것입니다.

·   이 책의 출판 비용은 뜻을 같이 하는 회원들이 보내주
시는 회비로 충당되며, 판매 비용은 전액 빠알리 경전의 역경과
그 준비 사업을 위한 기금으로 적립됩니다. 출판 비용과 기금
조성에 도움주신 회원님들께 감사드리며 〈고요한소리〉 모임에
새로이 동참하실 회원을 기다리고 있습니다.

·   〈고요한소리〉 책 읽기와 듣기는 리디북스RIDIBOOKS와 유
나방송에서 만나볼 수 있습니다.

- 〈고요한소리〉 회원으로 가입하시려면,

  이름, 전화번호, 우편물 받을 주소, e-mail 주소를 〈고요한소리〉 서울 사무실에 알려주십시오.

  (전화 02-739-6328, 02-725-3408)

- 회원에게는 〈고요한소리〉에서 출간하는 도서를 보내드리고, 법회나 모임·행사 등 활동 소식을 전해드립니다.

- 회비, 후원금, 책값 등을 보내실 계좌는 아래와 같습니다.

  국민은행 006-01-0689-346

  우리은행 004-007718-01-001

  농협   032-01-175056

  우체국   010579-01-002831

  예금주   (사)고요한소리

마음을 맑게 하는 〈고요한소리〉 도서

This translation was possible
by the courtesy of the Buddhist Publication Society
54, Sangharaja Mawatha P.O.BOX 61
Kandy, Sri Lanka

법륜·스물
생태위기
그 해법에 대한 불교적 모색

2013년 5월 10일   초판 1쇄 발행
2019년 4월 30일   2판 1쇄 발행

엮은이   클라스 샌델
옮긴이   우천식 · 우광희
펴낸이   하주락 · 변영섭
펴낸곳   (사)고요한소리
등록번호   제1-879호 1989. 2. 18.
주 소   서울시 종로구 인사동길 47-5 (우 03145)
연락처   전화 02-739-6328, 725-3408   팩스 02-723-9804
              부산지부 051-513-6650   대구지부 053-755-6035
              대전지부 042-488-1689
홈페이지   www.calmvoice.org
이메일   calmvs@hanmail.net

ISBN   978-89-85186-78-0

값 1000원